Geranium für den Garten

Coen Jansen

Geranium für den Garten

120 Farbfotos
30 Zeichnungen
und 3 Pflanzpläne

E.U.
VERLAG
EUGEN
ULMER

Foto Seite 2: *G. macrorrhizum* am Naturstandort

Aus dem Niederländischen von Herbert Duggen

Die Deutsche Bibliothek – CIP-Einheitsaufnahme

Geranium für den Garten / Coen Jansen. Aus dem Niederländ.
von Herbert Duggen. – Stuttgart : Ulmer 1997
ISBN 3-8001-6613-5
NE: Jansen, Coen; Duggen, Herbert [Übers.]

Wollgrasweg 41, 70599 Stuttgart (Hohenheim)
Printed in Italy
Einbandfotos: Sebastian Seidl und Daan Smit
Lektorat: Gerhard Bley, Dr. Steffen Volk
Herstellung: Ursula Stammel
Satz: Typomedia Satztechnik GmbH, Scharnhausen
Druck und Bindung: Canale & C., Torino, Italien

Vorwort

Die Gattung Geranium erfreut sich in unseren Gärten zunehmender Beliebtheit – und das zu Recht, denn es gibt kaum eine andere Pflanzengruppe, die eine solche Vielfalt an Wuchsformen, Blattschönheiten und Blütenfarben bietet. Welche anderen Stauden machen uns das ganze Jahr über so viel Freude? Einige von ihnen, robust und anspruchslos, gedeihen noch an Stellen, wo die meisten anderen Pflanzen nicht mehr durchhalten können, und selbst im kältesten Winter ziert ihr Blattwerk noch den Garten.

Geranium-Arten und -Hybriden eignen sich hervorragend für die moderne Pflanzenverwendung im Garten, bei der eine natürlich wirkende Gemeinschaft von Pflanzen im Vordergrund steht, die im Jahresverlauf immer wieder neue Höhepunkte hervorbringen soll. Aus diesem Grunde befaßt sich dieses Buch unter anderem ausführlich mit der Kombination von Geranium und anderen Stauden sowie Gehölzen in unterschiedlichen Gartensituationen.

Ein weiterer Schwerpunkt des Buches liegt in der Beschreibung der Arten und Sorten mit ihren besonderen Eigenschaften. Wir haben uns bemüht, möglichst viele Geranium zu nennen, die zur Zeit in Kultur sind, einschließlich neuer und vielversprechender Züchtungen. Allerdings wird es bei einigen selteneren Sorten nicht immer einfach sein, sie im gärtnerischen Fachhandel zu bekommen. Wer jedoch mit Geranium einmal angefangen und sich in diese vielseitige Staudengesellschaft verliebt hat, wird auch die Mittel und Wege zur Beschaffung von Spezialitäten finden. Ein allgemein gebräuchliches Sortiment wird heute von vielen Staudengärtnereien geführt. Darüber hinaus können die Hinweise auf Bezugsquellen am Ende des Buches hoffentlich weiterhelfen.

Dalfsen, Frühjahr 1997 Coen Jansen

Inhaltsverzeichnis

Blüten von *G.* × *magnificum* (vor *Heuchera*-Blättern)

G. psilostemon mit *Papaver somniferum* und *Astrantia major*

Zur Botanik, Gartengeschichte und Züchtung

Die Gattung *Geranium* gehört zur Familie der Geraniaceae (Storchschnabelgewächse), der sie den Namen gegeben hat. Dazu zählen außerdem die in diesem Buch nicht besprochenen Gattungen *Erodium*, *Pelargonium*, *Monsonia*, *Sarcocaulon* und seit kurzem *Hypseocharis*, wovon die letzten vier in Mitteleuropa nicht winterhart sind. Angesprochen werden muß allerdings die Namensverwirrung zwischen *Geranium* und *Pelargonium*. Ich bin mir bewußt, daß der Versuch, dieses leidige Mißverständnis endgültig aus der Welt zu schaffen, wahrscheinlich vergeblich sein wird. Es besteht schon mehr als zwei Jahrhunderte, und es sieht nicht danach aus, daß es damit binnen kurzem anders werden sollte.

Geranium und *Pelargonium* sind als Angehörige der Familie Geraniaceae zwar verwandt, aber zwei so verschiedene Gattungen, daß es eigentlich unmöglich sein sollte, sie durcheinanderzubringen. *Geranium* haben radiär-symmetrische Blüten, das heißt, die Blüten sind über verschiedene Achsen in spiegelbildlich gleiche Teile zerlegbar. Weiterhin haben sie 10 fruchtbare Staubblätter. *Pelargonium*-Blüten dagegen sind zweiseitig-symmetrisch, die Blüten können nur über die Mittelachse in zwei gleiche Teile geteilt werden; sie haben 2 bis 7 fruchtbare Staubblätter. Der Blütenstand von *Pelargonium* ist ein Schirm (eine Dolde), der von *Geranium* eine lokkere Trug- oder Scheindolde.

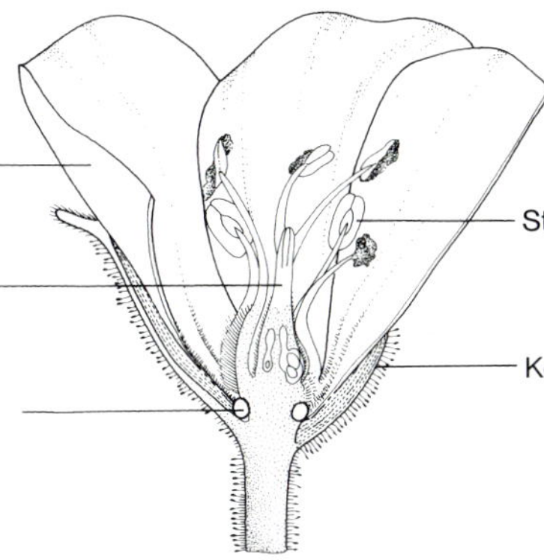

Schnitt durch eine Geranium-Blüte

Pelargonium kommen fast alle aus Südafrika und sind bei uns nicht winterhart, *Geranium* sind es beinahe alle. Was wir allgemein „Geranien“ (Balkon-Geranien) nennen, sind in Wirklichkeit Pelargonien.

Kurzum: *Geranium* wachsen als Stauden im Garten und treiben in jedem Frühjahr wieder aus, *Pelargonium* stehen dagegen bei uns im Blumenkasten und sterben im Winter ab, wenn man sie nicht an einen geschützten Platz ins Haus holt. Dennoch scheint der Irrtum unausrottbar, und daran ist, wie nicht selten in vergleichbaren Fällen, eine botanische Geschichte schuld.

Angefangen hatte alles bereits mit dem griechischen Arzt und Pflanzenkundigen Dioscorides, der im ersten Jahrhundert nach Christus in Kilikien lebte. Er verfaßte ein Kräuterbuch, das die Grundlage für alle späteren Kräuterbücher wurde. Darin beschreibt er eine Pflanze mit vogelschnabelartigen Samenkapseln unter dem Namen *Geranium* (griech. geranos = Kranich). Man weiß aber nicht

Linke Seite: *G.× magnificum*

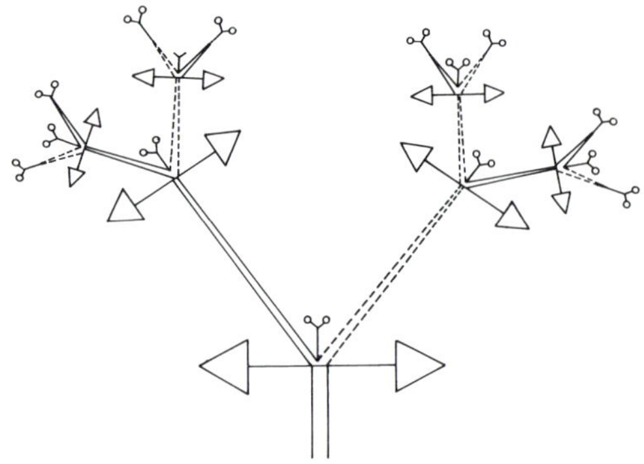

Links: *G. robertianum*
Rechts: Verzweigungsprinzip eines Geranium-Blütenstands, einer Schein- oder Trugdolde. Gestrichelt dargestellte Stengelglieder können auch fehlen

sicher, ob er damit wirklich die heutige Gattung *Geranium* gemeint hat.

Geranium waren also bereits im ersten Jahrhundert nach Christus unter diesem Namen bekannt. Im 18. Jahrhundert wurden aus Südafrika ganz anders aussehende Pflanzen eingeführt, die anfänglich afrikanische Geranien genannt wurden, bis sie 1732 offiziell den lateinischen Namen *Pelargonium* erhielten. Somit gab es zu diesem Zeitpunkt zwei verschiedene Gattungen: *Geranium* und *Pelargonium*. Linné, der Schöpfer des bis auf den heutigen Tag gültigen Systems der Pflanzenbenennung, fand jedoch, daß sie untereinander zu wenig verschieden waren, um besondere Namen zu bekommen. Er steckte sie beide in die Gattung Pelargonium – ein großer Fehler des ansonsten genialen Gelehrten, dem die Botanik so viel zu verdanken hat. 1789 wurde der Fehler zwar behoben, aber der Schaden war angerichtet, und der Name *Geranium* scheint für alle Zeiten an *Pelargonium* zu haften, und dies mit der verflixten Folge, daß man unter Geranien meist nichts anderes als Pelargonien versteht. Um jedem Mißverständnis vorzubeugen, wird in diesem Buch grundsätzlich nicht von Geran**ien**, sondern immer nur von Geran**ium** gesprochen. Wenn man schon das deutsche Wort Geranien für die Gattung *Geranium* nehmen will, sollte man sicherheitshalber Freiland-Geranien (im Unterschied zu Balkon-Geranien) sagen.

Im übrigen ist es auch mit der Übersetzung des griechischen Namens erbärmlich bestellt, oder die ornithologischen Kenntnisse vor 200 Jahren ließen zu wünschen übrig. Wie schon gesagt, ist Geranium von geranos = Kranich abgeleitet, und diese Gattung nennen wir Storchschnabel. Pelargonium dagegen stammt von pelargos = Storchschnabel, und dafür sagen wir fälschlich Geranien. Lediglich Erodium von erodios = Reiher ist mit Reiherschnabel gut übersetzt, jedoch im Englischen sagt man dazu wieder Storchschnabel.

Der Weg in die Gärten

Wohl war im Mittelalter die Heilwirkung von *G. robertianum*, dem Ruprechtskraut, bekannt, einer weitverbreiteten Art mit stinkenden, fein geteilten Blättern. Angebaut wurde sie nicht, sie ist ein Kulturfolger. Wo Boden bearbeitet und regelmäßig gedüngt wird, erscheint sie von selbst. Sie gilt als die gemeinste Storchschnabelart und ist dem Schutzheiligen des Hauses, Ruprecht (=Robert), geweiht, wozu wohl die Form der Frucht Veranlassung gab. Diese erinnert ja an den Vogel, dessen Ansiedlung dem Hause Glück verheißt, also an den Storch.

In den früheren harten Zeiten, als sich die Menschen um nichts als ihre Existenz sorgen mußten, war im allgemeinen noch keine Rede von einem Anbau solcher Pflanzen und von Gärtnereien. In den Klostergärten wurden zwar heilkräftige Pflanzen angebaut, aber das war immer von großer Heimlichkeit umgeben und für Außenstehende nicht zugänglich. Pflanzen wurden gesammelt, um sie zu essen oder um sie als Heilmittel zu gebrauchen. Erst als es mehr Sicherheit und mehr Wohlstand gab, wurden Pflanzen allmählich auch unter ästhetischen Aspekten gesehen, und zwar weil man sie schön fand und sie gerne im eigenen Garten haben wollte. So kamen auch andere Geranium-Arten in die heimischen Gärten: *G. pratense*, der Wiesen-Storchschnabel, und in Deutschland auch *G. sylvaticum*, der Wald-Storchschnabel, und *G. sanguineum*, der Blut-Storchschnabel.

Zu Beginn des 19. Jahrhunderts – die Botanik muß sich damals von dem Schock erholt haben, den Linné mit der Einführung der binären Nomenklatur verursacht hatte – entstand Interesse danach zu forschen, ab wann die nicht einheimischen Arten der Gattung *Geranium* bereits in Kultur waren. Die älteste scheint *G. macrorrhizum* zu sein, die zumindest seit 1576 kultiviert wird, wahrscheinlich wegen der gut riechenden Blätter und mutmaßlicher medizinischer Eigenschaften. Wenig später folgten dann *G. tuberosum* und *G. versicolor* und im 17. Jahrhundert *G. pyrenaicum* und *G. phaeum*. Daraus geht hervor, daß diese letzten beiden in den Niederlanden nicht einheimisch sind, wie irrtümlich einmal vermutet wurde. Im 1832 erschienenen „Hortus Britannicus" von J.C. Loudon wurden bereits 24 Arten genannt, und von 21 ist damals bereits bekannt, wann sie eingeführt wurden. In Deutschland erschien 1912 eine weltumfassende Monographie in der Serie „Das Pflanzenreich" von R. Knuth. Er beschreibt darin – lateinisch – mehr als 260 Arten, aber er schaffte es nicht, die einzelnen Arten deutlich abzugrenzen. Das gelang erst 1984 in vorbildlicher Weise durch den englischen Botaniker Peter Yeo. Ihm haben wir viel zu verdanken; sein Buch „Hardy Geraniums" aus dem Jahre 1985 erschien 1988 auch in deutscher Sprache und ist ein unentbehrliches, vollständiges Standardwerk über Geranium, das selbst anspruchsvollen Liebhabern mehr als ausreichende Informationen liefert.

Seit dem vorigen Jahrhundert werden immer mehr Arten eingeführt; aus dem Teil Asiens, den wir nun Rußland nennen, aus dem Himalaya und aus Südafrika, von wo mehr als 20 Arten kommen – wohlgemerkt Geranium, nicht Pelargonium! Immer wieder neue, noch nicht beschriebene Arten kamen auch aus dem Fernen Osten und aus dem südwestlichen Teil Chinas, und das geht noch immer weiter. Neueren Datums ist der Fund von *G. kishtvariense* in Kaschmir durch Roy Lancaster 1978 und von *G. swatense* in Pakistan. Nicht so weit von uns liegt der Fundort von *G. peloponnesiacum* (1970) auf dem Peloponnes in Südgriechenland.

China war bekanntlich lange für Ausländer fast nicht zugänglich. Doch haben zu Beginn des zwanzigsten Jahrhunderts berühmte englische und französische Pflanzensammler wie Forrest, Wilson und Delavay verschiedene Arten dort entdeckt und beschrieben. Diese Arten sind aber nur zu einem ganz kleinen Teil nach Europa gelangt und in Kultur genommen worden. Heute, wo Reisen dorthin mög-

Geranium 'Johnson's Blue'

lich sind und immer mehr Menschen China besuchen, werden hoffentlich noch viele neue Arten den Weg nach Europa finden, wie zum Beispiel die erst 1981 gefundene *G. yunnanense.*

Die Arten Südafrikas sind zwar alle bekannt, sind aber im westeuropäischen Klima nicht winterhart. Deshalb werden sie wohl immer Liebhaberpflanzen für eine ausgewählte Gruppe bleiben.

In Südamerika, in den Anden, wachsen ebenfalls verschiedene Arten, die aber dermaßen hohe Kulturansprüche stellen, daß, soweit bekannt, keine einzige bei uns gezogen wird.

In diesem Jahrhundert fanden die ersten Hybriden von in der Natur entstandenen Kreuzungen zwischen zwei Arten oder abweichende Formen wild vorkommender Arten das Interesse, zuerst in England und später auch auf dem Festland. Einige der ersten, die sich um die Gattung verdient machten, sind E. A. Bowles und A. T. Johnson, mit dem die Namen *G.× oxonianum* 'A. T. Johnson', 'Johnson's Blue' und *G. wallichianum* 'Buxton's Variety' verbunden sind, und die Gartenschriftstellerin Margery Fish. Pflanzen mit dem Attribut „Lambrook" im Namen kommen ursprünglich aus ihrem Garten. Der guten Ordnung wegen sei gesagt, daß 'Johnson's Blue' in Holland in der Gärtnerei Moerheim in Dedemsvaart gefunden wurde, aus Samen gewachsen, die A. T. Johnson nach Holland geschickt hatte.

In Holland erwachte das Interesse relativ spät. Seit den siebziger Jahren war Dhr. Walsweer aus Heerde aktiv. Er hat so viele Arten wie möglich aus Samen von botanischen Gärten angezogen, ausgelesen und beschrieben – keine kleine Arbeit, wenn man weiß, wie wenig artenecht Samen aus Gärten oft ist. 1988 gab er seinen „Geraniumgids" heraus, eine ausführliche Artenbeschreibung. Ich habe mein Interesse für die Gattung Geranium zum großen Teil ihm zu verdanken.

Geranium heute

In den letzten 15 Jahren ist besonders viel geschehen. Geranium stehen überall hoch im Kurs, man sucht nach neuen Arten und Formen in der Natur, Liebhaber und Gärtner kreuzen und lesen aus, um neue Sorten zu kreieren. Wenn Hobby und Erwerb miteinander harmonieren, erscheint viel Neues auf dem Markt. Wieder ist es England, wo das vor allem geschieht und woher beinahe alle Neuheiten kommen; vermutlich ist das eine Frage der Tradition und des Klimas.

Geranium 'Ivan' mit *Aster lateriflorus* var. *horizontalis* und Blatt von *Sanguisorba tenuifolia*

Einer der Sammler ist der bereits genannte Roy Lancaster, der im Kaukasus *G. platypetalum* 'Georgia Blue' entdeckte, *G. kishtvariense* und *G. clarkei* 'Kashmir Purple' in Kaschmir sowie *G. delavayi* in der chinesischen Provinz Yunnan. Bill Baker fand in der Schweiz *G. sylvaticum* 'Baker's Pink'. Eine neuere Expedition nach Taiwan durch Bleddyn Wynn-Jones brachte uns G. *hayatanum* und *G. suzukii*.

In Deutschland ist vor allem Dr. Hans Simon, Marktheidenfeld, aktiv. Von ihm kommen *G.* × *cantabrigiense* 'Biokovo', die er in Dalmatien fand, *G. macrorrhizum* 'Velebit' und 'Czakor' aus Kroatien und Südmontenegro, die vielverheißende 'Sirak' und *G. renardii* 'Tschelda'. In Wageningen, Holland, fand er die kompakt wachsende *G.* × *oxonianum* 'Wageningen' in der Nähe des Botanischen Gartens.

Außer den „Pflanzenjägern", die in der Natur sammeln, gibt es Liebhaber und Züchter, die bei sich zu Hause Kreuzungen zwischen verschiedenen Arten durchführen und neue Sorten auslesen. Einer der besten und erfolgreichsten ist Alan Bremner, der auf den Orkney-Inseln lebt, einer isolierten Inselgruppe nördlich von Schottland, wo unablässig der Wind weht. Er kreuzt seit Jahren ausgelesene Pflanzen und wertet die Ergebnisse sorgfältig aus. Dabei bringt er bevorzugt Arten zusammen, die in ihrer Chromosomenzahl übereinstimmen, auch wenn diese Pflanzen einander sonst nicht gleichen. So entstand aus der Kreuzung von

G. traversii var. *elegans* aus Neuseeland mit *G. lambertii* aus dem Himalaya die Sorte 'Joy', eine von den besonders hübschen zartrosa Sorten.

Diese Art der Züchtung ist sehr aufwendig. Die Kreuzungspartner müssen eingetopft und im Gewächshaus kultiviert werden. Wenn sie zu blühen beginnen, werden bei der einen Elternpflanze die Staubfäden ausgekniffen, um Selbstbestäubung zu verhindern, und die Blüte wird mit einem Säckchen eingehüllt, um eine unerwünschte Bestäubung durch Insekten auszuschließen. Von der anderen Elternpflanze wird der Blütenstaub gesammelt und die kastrierte Blüte damit bestäubt. Wenn alles gut geht, gelingt so die gezielte Befruchtung der kastrierten Blüte, und es wird Samen gebildet, den man sammelt und aussät. Die daraus gewonnenen Sämlinge werden aufgezogen und in ihrer Qualität sorgfältig beurteilt. Dieses kritische Austesten ist von größter Wichtigkeit; es gibt schon so viele gute Sorten, daß jede neue Sorte im Vergleich mit einer schon vorhandenen absolut besser oder anders sein muß. Erst dann beginnt die Anzucht in größerem Maßstab, um die erforderlichen Mengen zu produzieren. Zwischen der Kreuzung und dem Erscheinen der Sorte auf dem Markt liegt eine Zeitspanne von 5 bis 8 Jahren, abhängig von der Wüchsigkeit der Pflanze und dem kommerziellen Reiz der neuen Sorte. Was gut ist, kommt rasch.

Rechte Seite:
G.× cantabrigiense

Alan Bremner führte in 8 Jahren mehr als 350 Kreuzungen durch. Insgesamt sind daraus 60 neue Hybriden hervorgegangen, von denen bis jetzt (1996) etwa fünf mehr oder weniger bekannt geworden sind: 'Chantilly', 'Dilys', 'Joy', 'Patricia' und 'Philippe Vapelle'. Die beiden letztgenannten Sorten werden inzwischen in großen Mengen gezogen.

Die Kreuzungsarbeit Alan Bremners ist noch nicht vollendet. Es wird noch nach einer blau blühenden, niedrig bleibenden Steingartenpflanze, ähnlich wie die Sorte 'Ballerina', nur blau und dann auch noch durchblühend, gesucht. Andere Kreuzungsziele sind längere Blütezeiten, die Suche nach weiteren zuverlässigen Bodenbedeckern für den trockenen Schatten und für die Verwendung im Öffentlichen Grün sowie nach weiteren neuen, wertvollen Sorten mit leuchtenden Farben.

Eigenschaften und besondere Vorzüge von Geranium

Es ist noch nicht so lange her, da wurden Geranium als nennenswerte, aber etwas langweilige und wenig charakteristische Pflanzen angesehen. Das Sortiment, das durch die Staudengärtner angeboten wurde, war bereits jahrelang mehr oder weniger dasselbe, und auch aus Liebhaberkreisen war kaum Neues hinzugekommen. Das ist im Lichte der Entwicklung auf gärtnerischem Gebiet auch nicht verwunderlich: Vor 1985 geschah kaum etwas im Bereich Geranium, und mein Eindruck ist, daß auch jetzt noch viel zu wenig Interesse auf Seiten des Pflanzenhandels besteht. Die klassische Bemerkung, was gut genug für meinen Vater war, ist gut genug auch für mich, habe ich oft genug hören müssen. Natürlich kann eine Vergrößerung des Sortiments für den Profigärtner ein finanzielles Risiko mit sich bringen, aber das sollte er bis zu einem gewissen Grad auch eingehen. Entweder nimmt man seinen Beruf als Gärtner ernst oder nicht.

Zu Beginn der 80er Jahre wurden der Geschmack und deshalb auch das Angebot durch das bestimmt, was im Garten- und Landschaftsbau gebraucht wurde. Dies richtete sich nach den Gewohnheiten und wurde durch die Autorität der Gartenarchitekten gelenkt, die – natürlich mit Ausnahme einiger echter Pflanzenliebhaber und -kenner – ein Sortiment in ihren Pflanzungen verwendeten, das sich seit den Zeiten Karl Foersters nur wenig gewandelt hatte. Der berühmte deutsche Staudengärtner, Züchter und Buchautor Karl Foerster (1874 bis 1970) hatte einen enormen Einfluß auf das Zustandekommen des für die damalige Zeit geradezu revolutionären neuen Staudensortiments. Während seines langen aktiven Lebens hat er sehr viele neue Auslesen und Neuzüchtungen von Stauden auf den Markt gebracht, vor allem aus den Gattungen *Delphinium*, *Helenium* und *Phlox*. Bemer-

Rechts: *G.×magnificum*

G. himalayense

kenswert und wohl kennzeichnend für die damalige Zeit ist die geringe Aufmerksamkeit Foersters für Geranium. Er führt in seinen vielen Büchern nur einige Arten auf, und die sind auch noch falsch benannt. Es war damals offensichtlich kein ernsthaftes Interesse für diese Gattung vorhanden.

Vielseitigkeit

Bis vor etwa 15 Jahren stand die Entwicklung des Sortiments eigentlich still, ehe eine neue Generation englischer und holländischer Gärtner entscheidende Impulse für eine Erneuerung gab. Es würde zu weit führen, an dieser Stelle näher darauf einzugehen, aber man kann sagen, daß die Gärtner der jüngeren Zeit mehr und mehr ein Auge für Pflanzen bekamen, die in jeder Situation „natürlich" aussehen, wobei Blüte, Blatt und Habitus von gleicher Bedeutung sind. Auch der Platz, an den die Pflanze von Natur aus hingehört, muß wenn irgend möglich das Kriterium für das zu wählende Umfeld sein, ob im Hausgarten oder in der öffentlichen Anlage. Kurzum, es soll eine Synthese zwischen Schönheit und Verwendung gefunden werden: die schönste Pflanze auf den für sie besten Platz. Geranium mit ihren einfachen, meist wenig aufdringlichen Farben, mit ihren natürlich lockeren Wuchsformen und mit ihrer Eigenschaft, geschmeidig zwischen anderen Pflanzen hindurch zu wachsen, passen optimal in dieses Bild. Ihr Blatt ist zu einem Großteil des Jahres schön, sie harmonieren mit anderen Stauden und Rosen und sind in Bezug auf den Boden nicht wählerisch.

Es gibt Geranium von 10 bis 125 cm Höhe, in jeder denkbaren Farbe, ausgenommen Gelb und Orange; ausgesprochen grelle, schreiende Farben kommen eigentlich nicht vor. Es gibt sie von Arten, die nur einzeln in einem Steingarten bei einem Maximum an Sorgfalt gedeihen, bis hin zu großflächig wachsenden Bodenbedeckern im Öffentlichen Grün, die man nur ab und zu abmäht, um sie jung und wüchsig zu halten. Es sind welche darunter, die unglaubliche Trokkenheit durchstehen können, die in der stechendsten Sonne oder im tiefsten Schatten wachsen oder die mit morastigen Böden vorliebnehmen. Auch sind Arten darunter, die eine völlige Verwahrlosung überleben und selbst dann noch blühen. Es lohnt sich, auch solchen Arten etwas mehr Aufmerksamkeit zu schenken. Sie sind dankbar dafür und zeigen erst dann, was sie wirklich wert sind: vollwertige Gartenpflanzen, die eine große Skala an Farben, Blatt- und Wuchsformen sehen lassen. Die Auswahl ist überwältigend: leicht erhältliche Arten, die so gut wie überall problemlos wachsen und blühen, aber auch Arten, die man bei Spezialgärtnereien möglicherweise weit entfernt suchen muß, Arten, die ganz schwierig zu ziehen sind und für den Geraniumfreund geradezu eine Herausforderung sind.

Wie groß können Geranium eigentlich werden? Die Bandbreite reicht von der zierlichen Steingartenpflanze bis zur kräftigen, buschig-breitwachsenden Flur- und Auenpflanze. Dazwischen findet man schlingende, kriechende und sich breit bestockende Bodenbedecker. Zu den kleinsten, 10 bis 15 cm hoch, gehören die schwierigen und empfindlichen Steingartenpflanzen, so die silberblättrigen *G. argenteum* und *G. cinereum* in beinahe allen ihren Formen, weiterhin *G.* × *lindavicum* mit der wunderschönen Sorte 'Apple Blossom' und nicht zu vergessen *G. farreri*. Die größte Gruppe besteht aus Arten, die zwischen 25 und 60 cm hoch

Beispiele dafür sind *G. pratense*, unser Wiesen-Storchschnabel, und G. *psilostemon*, der leuchtend karminrote Storchschnabel aus Armenien. Ungewöhnlich ist die auf Madeira heimische Art *G. maderense*, die einen mehr als 100 cm hohen, holzigen Stamm mit einer Blattrosette aus enorm großen, tief eingeschnittenen Blättern bildet.

Blütenfarbe

Es ist bestimmt nicht leicht, die Farben von Geranium-Blüten exakt zu beschreiben. Anhand welcher Standards könnte das geschehen? Eine Möglichkeit sind die Farbkarten (Colour Charts) der R.H.S., der englischen Royal Horticultural Society, die bei absolut einfarbigen, reintönigen Blüten hervorragende Möglichkeiten bieten. Aber Geranium-Blüten sind das oftmals nicht. Sie sind geadert, haben Farbschattierungen in der Blüte und Farbveränderungen während der

Oben: *G. psilostemon*
Unten: *G. sanguineum* und *G. sanguineum* 'Album'
Rechte Seite: Staudengruppe mit *G. sylvaticum* 'Birch Lilac'

werden. Ihre Wuchs- bzw. Ausbreitungsform ist aufgrund unterirdischer Rhizome bodenbedeckend wie bei *G. macrorrhizum* oder sie wachsen mit dicht dem Boden aufliegenden Wurzelstöcken wie *G.* × *oxonianum*. Einige treiben aus einem kompakten Blattschopf lange Ausläufer, die unterwegs wurzeln (*G. procurrens*), oder aber genau das nicht tun wie 'Ann Folkard', 'Anne Thomson' und alle anderen Sorten, von denen *G. procurrens* eine der Elternpflanzen ist.

Wieder andere, z.B. *G. sanguineum*, bilden lose Matten, in der Mitte höher als an den Rändern, wodurch abgeflachte halbrunde, kleine Hügel entstehen.

Höher als 60 cm werden die Arten, die wild im Grasland wachsen und dieses überwachsen müssen, um zu überleben.

Blüte. Wie soll der silbrige Widerschein von *G.* × *oxonianum* 'Rebecca Moss' beurteilt und für jedermann eindeutig beschrieben werden? Allein das Beurteilen von Farben ist eine subjektive Angelegenheit. Man betrachtet die Blüte immer wieder anders. An einem warmen, sonnigen Tag sind die Farben anders als bei Regen. Im Schatten spricht Weiß mehr an als in der Sonne, und in der Abenddämmerung wird aus einem Lila, das am Tage scheußlich empfunden wurde, ein prächtiges Blau. Ferner ist der Sprachgebrauch, die Art und Weise wie man Farben bezeichnet, subjektiv und wird zudem von der Zeit beeinflußt, in der es geschieht, und der Ausdrucksweise, die dazu gehört. Man höre, was über Magenta, die Farbe von *G. psilostemon*, geschrieben wurde: Magenta allein war bereits ein Wort, das man in Gesellschaft besserer (englischer) Kreise lieber nicht gebrauchen sollte. E. A. Bowles schreibt in seiner berühmten Trilogie aus dem Jahre 1914 „My Garden in Spring, Summer and Autumn": „that awful form of floral original sin ... one of the worst astringents of the vision in the whole garden ..." etc. Nennt man diese Farbe Karminrot oder Purpurrot, dann erscheint es schon ein Stück unschuldiger; gleichzeitig sieht man, daß auch diese Farbbeschreibung für mehrere Interpretationen anfällig ist. Die Modewelt hat dafür gesorgt, daß es viele Möglichkeiten gibt, Farbtöne sprachlich zu präzisieren. Bei der Farbe Grün z.B. gibt es, um nur ein paar Nuancen zu nennen: Oliv-, Moos-, Lind-, Smaragd-, Gras-, See- und Salbeigrün. Aber es gibt niemand, der sagen kann, wo die eine Farbnuance mit bestimmter Bezeichnung endet und wo die nächste beginnt.

Bei Geranium spielt die Benennung der richtigen Farbe – so schwierig es ist – durchaus eine Rolle. Die in diesem Buch

Oben: *G. psilostemon*

Linke Seite: *G. clarkei* 'Kashmir White' (oben links), *G.* × *oxonianum* 'A. T. Johnson' (oben rechts) und *G. phaeum* (unten)

verwendeten Bezeichnungen orientieren sich danach, was der durchschnittliche Betrachter – wer es auch sein mag – empfinden und sehen soll. Hoffentlich rufen die gewählten Farbbennungen immer die gewünschten Assoziation hervor: So klingt mauve etwas „grauer" als lila. In Gesprächen mit Kollegen scheint es einen bestimmten Konsens darüber zu geben.

Bei den blau blühenden Geranium-Arten gibt es die meisten Schattierungen und Nuancen. Ein absolut reines Blau gibt es nicht, es steckt immer Rot in wechselnden Anteilen darin. Es ist kein Geranium so blau wie *Meconopsis betonicifolia* oder ein blauer Rittersporn. Ich selbst finde, daß *G. sylvaticum* 'Amy Doncaster' und *G. wallichianum* 'Buxton's Variety' einem sauberen Blau am nächsten kommen; heller in der Farbe und ebenfalls ziemlich rein ist 'Brookside'. David Hibberd, bekannter englischer Geranium-Fachmann und Eigentümer einer Gärtnerei, die beinahe ganz auf diese Gattung spezialisiert ist, hat eine umfangreiche Tabelle mit der Skala von Blau und Rot in der Gruppe der blau blühenden Arten und Sorten aufgestellt, eine Tabelle, die von Lachsrosa bis Tiefblau, von der lachsrosa *G.* × *oxonianium* 'Southcombe Double' bis zur tief blauen *G. wallichianum* 'Buxton's Variety' reicht.

Rosa ist ebenfalls eine häufige Blütenfarbe, aber auch hier nicht in seiner reinen Form. Es ist stets eine Beimischung von Blau dabei, wie wenig auch immer. Für das optische Empfinden sind *G.* × *lindavicum* 'Apple Blossom' und *G. clarkei* 'Kashmir Pink' ziemlich rein in einem schmeichelnden Rosa, desgleichen *G. sanguineum* var. *striatum*. Weniger angenehm wird es empfunden, wenn Rosa mehr nach Orange tendiert: die lachsrosa *G. endressii* 'Wargrave Pink' ist heute nicht jedermanns Favorit, aber glücklicherweise ist das eine Frage des Geschmacks – nach 10 Jahren will sie jeder wieder im Garten haben. Echtes Rot, Feuerwehrrot, kommt auch nicht vor. Mit einer Beimischung von Blau bieten es ein paar prächtige, sehr farbkräftige Arten, wie – mit zunehmendem Blaugehalt – 'Patricia', *G. psilostemon* und 'Ann Folkard', die von diesen drei das meiste Blau in sich hat.

Eine große Anzahl von Arten hat weiße Blüten. Makellos kreideweiß sind *G. sanguineum* 'Album' und *G. maculatum* 'Album'; *G. pratense* 'Galactic' ist sogar ein Albino: weiße Blüten mit blaßgrünen Blättern und Stielen, ohne eine Spur von Anthocyan. *G. clarkei* 'Kashmir White' ist im Grunde zwar weiß, aber durch die rosa Aderung wird das Weiß in Richtung Rosa gewendet und ist dann nicht mehr so ausdruckslos. Auch die Farbe der Kelchblätter kann einen anderen Eindruck vermitteln: Bei *G. macrorrhizum* 'Album' gibt der rötliche Kelch den weißen Blüten eine zartrosa Schattierung.

Ganz merkwürdig sind die folgenden Färbungen: Das braunschwarz-blütige *G. phaeum*, der Dunkle Storchschnabel, hat kleine violettbraune Blüten. Die von *G. sinense* aus Fernost sind fast schwarz, samtig glänzend; nur ist es ein Jammer, daß man die Blüten dieser Art drehen muß, um sie aus der Nähe gut betrachten zu können (siehe Artbeschreibung).

Wir sehen also, daß Blau, Rosa, Rot und Weiß die häufigsten Farben sind, jedoch nicht in den Grundfarben, sondern mehr oder weniger gemischt mit einer anderen Farbe. Gelb und Orange kommen wie gesagt nicht vor.

Blütezeit

Es ist gut möglich, die meiste Zeit der Gartensaison – theoretisch von Anfang Januar bis Ende Dezember, praktisch aber von März bis November – eine oder mehrere Geranium-Arten in Blüte zu haben. Es beginnt früh im Jahr mit den knollenbildenden Arten, Mitte April, wenn der Frühling zeitig kommt. *G. malviflorum* ist ein gutes Beispiel dafür. Rasch folgen Ende April-Anfang Mai *G. maculatum*, *G. phaeum* und *G. erianthum*, und dann geht die Saison erst richtig los. In den Monaten Mai und Juni blühen die meisten Geranium.

Wenn man nach der Blüte die Arten, die ihre Hauptblüte noch vor dem Sommer haben, rigoros zurückschneidet, bildet sich rasch wieder neues junges Laub, und mit etwas Glück eine zweite, wenn auch nicht so üppige Blüte im Nachsommer und Herbst. *G.* × *oxonianum* in allen seinen Sorten ist hier ein gutes Beispiel. Die Dauerblüher beginnen meistens etwas später, machen es aber durch ihre lange Saison mehr als wett: 'Ann Folkard' zum Beispiel beginnt erst im Juli und stoppt mit dem Eintritt des ersten Frostes; *G. wallichianum* 'Buxton's Variety' kommt erst im August zögerlich in Gang, blüht aber pausenlos durch und wird mit dem Kälterwerden der Nächte immer schöner und tiefer blau. Die späte Blüte hat sie gemeinsam mit den anderen aus Fernost kommenden Arten *G. sinense*, *G. pogonanthum*, *G. yunnanense* und dergleichen.

Es gibt auch Hybriden, die aufgrund ihrer Sterilität lange durchblühen. Weil keine Samen angesetzt werden, können sie ihre Energie ganz auf die Anlage von Blütenknospen konzentrieren. Vergleicht man einmal die Blühdauer der Art *G. psilostemon* und einer ihrer sterilen Hybriden, 'Patricia': jene blüht Wochen länger und zeigt selbst im November öfter noch ein paar Blüten. Es ist aber nicht ausnahmslos so, daß alle sterilen Hybriden länger blühen als die nicht sterilen. Das sterile *G.* × *magnificum* blüht nur kurz im Vergleich mit dem Samen ansetzenden *G.* × *oxonianum*, das nach einer reichen Hauptblüte im Juni den Rest des Jahres bescheiden weiterblüht.

Extrem lange blühen: 'Ann Folkard', *G. riversleaianum* 'Mavis Simpson', 'Little Gem' und 'Russel Prichard', die Hybriden von *G. traversii* var. *elegans* mit *G. sessiliflorum* 'Nigricans' und mit *G.* × *oxonianum*, zum Schluß 'Joy', leider nicht überall und jederzeit winterhart. An einem schönen milden Tag im November 1995 blühte 'Patricia' noch vollauf, 'Ann Folkard' tat ihr Bestes, und eine schokoladenfarbene Kreuzung von neuseeländischen Eltern saß noch voller kleiner rosa Blüten, die durch die nächtliche Kälte an Tiefe gewonnen hatten. Im Schatten saßen an *G. sinense* noch ein paar letzte vorwitzige, kleine, schwarze Blüten.

Blattform und Blattfarbe

Vielseitigkeit ist der Trumpf unserer Gattung, das zeigen schon die Blüten. Bei den Blättern ist die Variabilität noch viel größer, wenn auch weniger augenfällig. Die Größe kann von nicht viel mehr als 1 cm im Durchmesser bei den kleinen Steingartenpflanzen bis zu mehr als 60 cm bei dem exotischen *G. maderense* variieren. Farbe, Form und Oberflächenbeschaffenheit sind sehr verschieden. Einige Blätter sind nahezu rund und ohne nennenswerte Einschnitte, andere dreieckig und wieder andere vielfältig eingeschnitten und in feine Zipfel geteilt. Nicht vergessen werden sollte der Duft, der den Blättern einiger Geranium eigen ist! Die Arten unterscheiden sich aber auch darin, in welchem Maße sie im Winter ihre Blätter behalten oder nicht, ebenso und sehr wertvoll durch allerlei verschiedene Herbstfärbungen. Geranium leisten damit, auch wenn sie nicht blühen, einen bedeutenden, ja fast unent-

Oben: *G. macrorrhizum*
Seite 26/27: *G. renardii*-Blätter. Links Blüten, rechts Blätter in Färbung

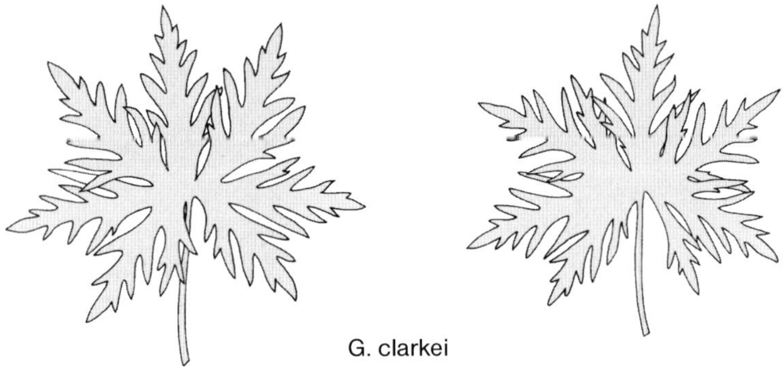
G. clarkei

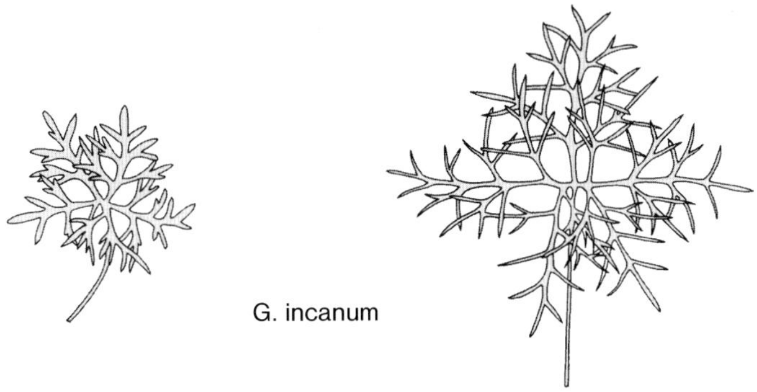
G. incanum

G. tuberosum

G. macrostylum

G. rotundifolium

G. pyrenaicum

behrlichen Beitrag zum Gesicht der Gärten, in denen sie wachsen.

Im Winter verlieren viele Arten ihre Blätter und sind damit völlig aus unseren Augen verschwunden, andere halten ihre Blätter teilweise oder ziehen sich auf ein paar kleine, an den Boden gedrückte Rosetten zurück, hübsche Miniaturausführungen ihres sommerlichen Blattes. Man kann beobachten, wie *G. phaeum* in der frostigen Kälte in Erwartung wärmeren Wetters bis auf ein paar Blättchen zusammengeschrumpft ist. *G. macrorrhizum* steht da, als wenn ganz und gar kein Winter ist, vielleicht ein bißchen eingezogen, und *G.* × *oxonianum* hat noch massenhaft Blätter, die erst nach strengem Frost schwarz herunterhängen. *G. versicolor* steht in einer Tauwetterperiode da, als ob nichts geschehen wäre, und unter der Hecke stehen die kleinen, rot angelaufenen haarigen Rosetten von *G. robertianum*, dem Ruprechtskraut. Das überall sich ungestüm aussäende *G. pyrenaicum* hat gerade im Winter schöne, dem Boden eng aufliegende Rosetten aus grünem Blatt mit roten Stielen. Auf einem geschützten Fleck in der Sonne verfärben sich die kleinen, graubronzefarbenen Blätter von 'Sea Spray' immer tiefer, und die schokoladenfarbenen Schattierungen von 'Crûg Strain' bekommen hier und da ein orangerotes Blättchen. Diese ursprünglich aus Neuseeland stammenden Arten müssen bei strengem Kahlfrost gut mit Stroh abgedeckt werden; nie und nimmer mit Torfmull, dann faulen sie garantiert weg.

Im Frühjahr kommt alles sehr rasch, das frische junge Blatt entwickelt sich in einem hohen Tempo. Es gibt Arten, die in den ersten Wochen ein feurrot-orangefarbenes Blatt haben, wie die – ansonsten unbedeutende – *G. dahuricum. G. psilostemon* vergrößert vor der Entfaltung der ersten jungen Blätter die lackroten

„Nasen“, die in der Frühjahrssonne glänzen. Die ganze Frische der Natur im April vereinigt sich in *G. phaeum* 'Lily Lovell' mit hellgrünen Lappen von Blättern und schon bald folgenden violettblauen Blüten.

Wenn die Entwicklung weiter ist und die ersten Blüten erscheinen, kann man die Blätter, ihre Größe, Form und Farbe besser beurteilen. Sehr klein bleiben die Blättchen der Steingartenarten der alpinen Geranium: *G. argenteum*, *G. cinereum* und das neuseeländische *G. sessiliflorum*, alles Blättchen von kaum 1 cm Größe an kleinen Pflänzchen. Die Mehrzahl der Arten hat Blätter in der Größe zwischen 5 und 10 cm mit Ausnahmen in der Tendenz zu mehr als 15 cm bei *G. psilostemon* und, ganz extrem, bis zu 60 cm bei *G. maderense*.

Farbe und Zeichnung der Blätter sind ebenfalls ein wichtiger Teil der Vielgestaltigkeit von Geranium. Es gibt nur wenige Pflanzengattungen, bei denen die Variationsbreite in dieser Hinsicht so groß ist. Die vorherrschende Blattfarbe ist natürlich das gewöhnliche Grün, wiewohl „gewöhnlich“ alle möglichen Schattierungen umfaßt. Bei *G. argenteum* (dem „Silbernen Geranium“) findet man silbergrau behaarte Blättchen, bei ein paar anderen niedrigbleibenden seegrüne oder auch salbeigrüne bei *G. renardii*, gelbgrüne bei 'Ann Folkard' und bronzegrüne bis schokoladenbraune in vielen dazwischenliegenden Nuancen bei den Hybriden von *G. traversii* var. *elegans* mit *G. sessiliflorum* 'Nigricans'. Eine Mischung von verschiedenen Farben Grüngelb und Grün kommt bei einigen asiatischen Arten vor, wie *G. orientalitibeticum*, *G. sinense*, *G. shikokianum* und *G. wallichianum*, die dadurch grün marmoriert aussehen. Echt buntblättrig, mit gelben oder weißen Bahnen zwischen dem Grün, sind *G. phaeum* 'Variegatum', *G. phaeum* 'Taff's Jester' und das weniger schöne Blatt von *G. macrorrhizum* 'Variegatum', das unregelmäßig und ungleich gestreift ist. Zu *G. phaeum* gehört eine Anzahl Sorten mit schwarzbraunen Flecken oder Bändern im Blatt. *G. phaeum* 'Samobor' hat ein prächtiges, breites, dunkleres Band in der Mitte des Blattes. *G. versicolor* und das „normale“ *G. phaeum* haben dunklere Flecke an der Basis der Blatteinbuchtungen, *G.* × *oxonianum* 'Walter's Gift' ist über die ganze Blattoberfläche bräunlich gefleckt.

Die Form der meisten Geranium-Blätter ist rund oder mehr oder weniger dreieckig, aber immer sind sie in unterschied-

Geranium 'Chocolate Candy'

Links: *G.× oxonianum*
Rechts: *G. dalmaticum*
(Herbstfärbung)

lichem Maße eingeschnitten oder gekerbt, gewöhnlich in 3 bis 7 Abschnitte, die ebenfalls wieder eingeschnitten oder weiter unterteilt sein können. Wenig eingeschnitten und darum ziemlich rund aussehend sind die von *G. renardii* und die von *G. wlassovianum*, soweit es die Grundblätter betrifft. Das „Unkraut" *G. pyrenaicum* und das ebenfalls lästige einjährige *G. rotundifolium* haben besonders runde, gekerbte Blätter.

Das Blatt der Mehrzahl der Arten ist bis zur Hälfte oder zu Dreiviertel eingeschnitten. Filigran gefiedert, fast luftig, ist das Blatt der Geranium mit kleinen Knollen: *G. tuberosum* und in geringerem Maße *G. malviflorum*; auch das von *G. clarkei*, *G. sanguineum*, *G. yesoense* und *G. soboliferum* ist fein geteilt.Extrem eingeschnitten ist das Blatt des aus Südafrika stammenden *G. incanum*, das bei uns nicht winterhart ist.

Auch der Duft der Geranium-Blätter ist zu beachten. Für mich hat das Blatt von *G. macrorrhizum* den herrlichen Duft der Weinrose, aber das wird verschieden beurteilt. Auch die Hybriden von *G. macrorrhizum* mit *G. dalmaticum*, *G.* × *cantabrigiense*, riechen appetitlich, ebenso wie *G. cataractarum*. Unangenehm stark riecht *G. robertianum*, das Ruprechtskraut, etwas weniger penetrant seine Riesenversion von Madeira, *G. rubescens*.

Das Blatt kann sich durch das Maß der Behaarung oder durch die Struktur der Blattoberfläche unterschiedlich anfühlen. *G. macrorrhizum* ist drüsenartig und klebrig behaart, anders als *G. viscosissimum* (das bedeutet: sehr klebrig). *G. renardii* hat ein sich angenehm anfühlendes Blatt von grobkörniger Textur.

Nicht zuletzt können viele Geranium-Blätter im Herbst die prächtigsten Farben bekommen. Wie weit das geht, hängt u.a. stark vom Wetter ab. Bei Regen und bedecktem Himmel werden die Blätter rascher vergilben – und dann allmählich verrotten – als bei anhaltend trockener Witterung und bei Sonnenschein und kalten Nächten. Unter solchen Umständen kann die Färbung kräftig und von langer Dauer sein.

Die blatthaltenden Arten verlieren zwar ihre größten und saftigsten Blätter, aber im Herz bleibt ein kräftiger kleiner Schopf übrig, der sich bei *G. macrorrhizum* rotorange verfärbt und überwintert. Immer wieder und so auch hier muß *G. macrorrhizum* gerühmt werden, es ist wirklich eines der vielseitigsten. Ebenso stets auffallend, wenn auch ein wenig wetterabhängig, ist die Färbung von *G. sanguineum*. Insbesondere seine stark wachsende Sorte 'Elsbeth' und seine kompakte 'Max Frei' werden im Oktober spektakulär rotorange, ehe das Blatt langsam abstirbt. *G. wlassovianum* verfärbt immer, auch in einem nassen Herbst sieht man seine Blätter gelb, orange und rot werden, oft noch mit einer späten Blüte dazwischen. Schön gelb färbt sich *G.×magnificum*, und die dann noch blühende Sorte *G. wallichianum* 'Buxton's Variety' bekommt einen rotbraunen Glanz auf dem Blatt, ehe es vom ersten Novemberfrost getroffen wird, das daraufhin schlapphängende, schwarz gewordene Blatt noch kurze Zeit stehenbleibt und dann vergeht. *G. erianthum* macht bis zum Absterben der Blätter eine Färbung mit viel Gelb und Orange durch. Zum Schluß bleiben nur noch die wintergrünen Arten übrig. *G. malviflorum* kommt nach einer langen Sommerruhe wieder neu auf und überrascht mit seinen recht empfindlich aussehenden, aber doch starken Blättchen.

Ebenfalls schöne Herbstfarben haben *G. dalmaticum*, *G. × monacense* 'Muldoon', *G. nodosum*, *G. psilostemon* und *G. platyanthum*.

Etwas für Liebhaber und Sammler

Der echte Pflanzenliebhaber betreibt sein Hobby so gründlich, daß er in der Regel auch eine große Sammelleidenschaft an den Tag legt. Es gibt Sammler, welche die gesamte Gattung Geranium möglichst vollständig besitzen möchten, alle „Unkräuter" inbegriffen, und die von keinem einzigen ästhetischen Kriterium oder von der Pflanzenverwendung und Gartengestaltung etwas wissen wollen. So ein Garten wird spöttisch „Hundefriedhof" genannt, weil jede einzelne Pflanze deutlich sichtbar mit einem sorgfältig beschrifteten Etikett versehen ist. Aber nichts Böses über die Sammler, denn sie sind es, die neue Arten und Sorten einführen, intensiv beobachten und ein enormes Wissen haben. Für sie ist es von größter Bedeutung, z.B. alle *G. phaeum*-Typen zu besitzen. Sie können die kleinsten Unterschiede zwischen diesen erkennen und erklären, Unterschiede, die jemanden, der allein zum Vergnügen und zur Erholung einen Garten hat, völlig kalt lassen.

Jeder Sammler weiß aber auch, daß eine mehr oder weniger allgemeine Sammlung auf Dauer zu groß und zu unübersichtlich wird. Also ist Spezialisierung geboten. Die Gattung Geranium eignet sich hervorragend dazu, sich gründlich in sie zu vertiefen. Die Ergebnisse sind entsprechend erfreulich: Mehr als die Hälfte der in den letzten Jahren auf den Markt gebrachten Sorten stammt von Liebhabern, Menschen, die sich nicht berufsmäßig mit der Kultur, der Züchtung und der Auslese von Geranium befassen, sondern nur als Hobby und ohne Gewinnabsicht. Der bekannteste unter ihnen ist zweifellos Alan Bremner, der auf der windreichen Inselgruppe der Orkneys nördlich von Schottland lebt. Dort, in einem unwirtlichen Klima, kreuzt er viele Arten mit meist phantastischen Ergebnissen. Von ihm stammen unter anderen 'Anne Thomson', Chantilly', 'Dilys', 'Patricia', 'Philippe Vapelle' und viele andere, die bei der Behandlung der einzelnen Arten und Sorten in diesem Buch beschrieben werden.

Etliche Arten sind so schwierig, daß es für den ehrgeizigen Spezialisten eine Herausforderung ist, sie perfekt zu kul-

Rechte Seite:
G. maderense

tivieren. An einem leicht beschatteten, geschützten Platz mit einem naturfeuchten humosen Boden sollte eine Kollektion von asiatischen Geranium-Arten gepflanzt und erprobt werden. Die meisten von ihnen schätzen eine hohe Luftfeuchtigkeit. Eine der bekanntesten darunter ist, wie schon erwähnt, *G. wallichianum* 'Buxton's Variety', die im Spätsommer und Herbst prächtig blau an langen, schwingenden Stielen blüht. *G. wallichianum* 'Syabru', rotviolett, ist vor noch gar nicht langer Zeit in Nepal gefunden worden und soll noch besser wachsen als 'Buxton's Variety'. Aber darüber ist man noch nicht einer Meinung. Klimmend ist *G. lambertii*, mit wunderschönen, hängenden Blüten, blaßrosa mit einer violettroten Mitte, und *G. lambertii* 'Swansdown', mindestens ebenso schön mit weißen Blüten. Beide sind absolut nicht einfach zu ziehen! Eigenartig fremd ist *G. sinense* mit beinahe schwarzen, hängenden Blüten, ähnlich denen von *G. phaeum*, aber viel dunkler und samtiger; die Kreuzung mit *G. yunnanense:* 'Pagoda' ist seltsam dunkelviolett-rot, etwas nach Braun neigend, mit zurückgeschlagenen, samtigen Blütenblättern – außerordentlich hübsch, aber ebenso schwierig und fast nicht zu beschaffen. Es gibt noch mehr, die einen Platz in diesem speziellen Bereich des Gartens bekommen möchten: *G. kishtvariense*, *G. rubifolium*, 'Nora Bremner', *G. pogonanthum* und viele andere. Siehe auch die Beschreibung der Arten und Sorten.

Eine andere Geranium-Gruppe, die man sammeln kann, sind die nicht oder kaum winterharten Arten. Ein Teil davon, eng miteinander verwandt, kommt von den Kanarischen Inseln und von Madeira: *G. canariense*, *G. maderense*, *G. palmatum* und *G. rubescens*. Von ihnen ist *G. maderense* die imposanteste, aber keinesfalls winterharte Art. Sie muß in einem frostfreien Gewächshaus überwintert werden. Es dauert ein paar Jahre, bis die Pflanze groß genug ist, um zu blühen. Aber dann, im zeitigen Frühjahr, erscheinen die gewaltigen Blütenstände auf den im Laufe der Jahre gebildeten kurzen Stämmen. Bevor das soweit ist, sind die Blattrosetten in jedem Jahr größer und massiver geworden. Auch ohne Blüten ist das eine prächtige Pflanze für das Kalthaus. *G. maderense* ist monokarp, d.h. nach der Blüte und dem Fruchtansatz stirbt sie ab. Es werden aber genügend Samen gebildet, um neue Generationen zu begründen. *G. canariense* und *G. palmatum* sind im großen und ganzen gleich, *G. rubescens* ähnelt *G. robertianum* , ist aber fünfmal so groß.

Ein echtes Wagnis, aber auch eine Verlockung ist es, Geranium-Arten aus Südafrika zu probieren. In England sind sie einigermaßen winterhart, in Mitteleuropa müssen sie einen sehr geschützten, trokkenen und sonnigen Platz haben, und auch dann gelingt es nicht in jedem Fall, sie durch den Winter zu bekommen. Wir selbst haben *G. pulchrum* einige Jahre im Garten gehabt, eine breit buschig gewachsene, halbverholzende Staude mit Blättern, die sich anfühlen wie die von *G. renardii*. Blüten haben wir nie gesehen. *G. incanum* mit seinem sehr feinen, filigranartigen Blatt, wieder und wieder geschlitzt, ist den Versuch wert, und so gibt es da noch an die 20 verschiedene Arten in Südafrika.

Völlig unbekannt und lediglich in der Literatur beschrieben sind zahllose Arten aus Südamerika, von denen meines Wissens kaum etwas in Kultur ist.

Jeder Liebhaber weiß von all seinen Pflanzen, wie und wann er sie bekommen hat, was er dafür bezahlen oder was er dafür aus seiner eigenen Sammlung im Tausch hergeben mußte; auch bestimmte Eigenarten der Geber vergißt man nicht.

Meine Erinnerung geht zurück zu 'Nora Bremner', zuerst gesehen in der Gärtnerei von Frances and David Hibberd, Axletree Nursery bei Rye. Damals, im Jahre 1991, war es das einzige Exemplar und natürlich nicht lieferbar. 'Nora Bremner' fiel auf durch ihre großen, zartvioletten Blüten mit einem großen weißen Auge, wie eine große *G. wallichianum* 'Buxton's Variety'. Erst 1995 war spärliches Pflanzenmaterial verfügbar, das ich bekommen konnte. Wenn alles günstig verläuft, können wir davon um die Jahrtausendwende die ersten jungen Pflanzen anbieten. Wie schon bemerkt, zwischen der Einführung bzw. Erstkultur einer Pflanze und dem Marktangebot in größerem Maßstab liegen mitunter 10 Jahre.

Verwendung von Geranium im Garten: Standorte und Situationen

In diesem Hauptkapitel sollen die vielen verschiedenen Möglichkeiten und Situationen im Garten betrachtet werden, für die Geranium geeignet sind und mit welchen anderen Pflanzen sie am besten kombiniert werden können. Je nach ihren Lebensansprüchen, Verwendungsqualitäten und den Gestaltungswünschen des Gartenbesitzers können sie plaziert werden:

- in der Rabatte: als Solitär oder in Gesellschaft mit anderen Pflanzen
- als Bodenbedecker
- im trockenen Schatten
- auf trockenen und sonnigen Plätzen
- in Steingärten, erhöhten Beeten und Trögen
- in der Wiese und am Gehölzrand

Rechte Seite: *G.×magnificum* mit *Allium moly*

Geranium als Solitär oder als Blickpunkt in der Rabatte

Meine ersten Pflanzen von *G. psilostemon* bekam ich von einer Dame, die nach verschiedenen Versuchen keinen geeigneten Platz in ihrem Garten finden konnte, um dieses glühend rotviolett blühende Erster-Klasse-Geranium zu pflanzen. In der Tat ist es eine Pflanze mit einer aufdringlichen Farbe, die stark beherrschen und auch bei Verwendung von gut ausgewählten Nachbarn zum Hauptdarsteller der Rabatte heranwachsen kann. *G. psilostemon* wächst z.T. mehr als einen Meter hoch, hat große, tief eingeschnittene Blätter und blüht im Sommer verschwenderisch reich in dem unverkennbaren Rotviolett (früher Karmin oder Magenta genannt) mit schwarzem Herz. Man sollte einmal das berühmte „Purple Border" in Sissinghurst anschauen, wo die Art in Kombination mit Violettblau und Purpur, mit dem purpurbraunblättrigen *Cotinus*, mit *Allium stipitatum* und *Allium sphaerocephalon*, *Thalictrum delavayi*, purpurroten Akelei, mit *Rosa moyesii* 'Geranium', *Penstemon* in purpurroten Farben wie 'Rich Ruby', 'Stapleford Gem' und 'Papal Purple' und mit verschiedenen *Clematis*-Arten, z.B. *C. viticella* 'Etoile Violette' und 'Ville de Lyon', eine sehr schöne Gemeinschaft bildet. Auch die altmodische, jetzt aber wieder auflebende *Dahlia* 'Bishop of Llandaff' mit dem dunkelbraunen Blatt gehört wohl dazu, denke ich.

Andere entscheiden sich dafür, das Leuchtfeuer von *G. psilostemon* mit kühlen gräulichen und gelblichen Farben zu dämpfen, mit *Pyrus salicifolia*, graublättrigen *Artemisia* wie der strauchartigen 'Powis', der filigranfeinen *A. nutans* oder den wuchernden *A. pontica* und *A. ludoviciana* 'Silver Queen', oder mit *Santolina*, vorzugsweise der hell cremefarben blühenden *S. pinnata* subsp. *neapolitana* 'Edward Bowles'. Auch die zitronengelbe *Anthemis tinctoria* 'Wargrave', die wohl einen Meter hoch werden kann, und die niedrigere 'E.C. Buxton' passen prächtig in dieses Farbenschema. Das Gelb darf allerdings nicht zu hart und zu grell sein!

G. psilostemon mit *Alchemilla*

Aber man könnte dieses glühende Magenta auch weiter aufheizen, so wie G.S. Thomas es anrät, orange *Alstroemeria aurea* 'Orange King' daneben setzen, orange *Lilium*, Montbretien (*Crocosmia*) wie die grell rote 'Lucifer' und die orange 'Emily McKenzie' oder die hochgelben *Achillea*, orange *Kniphofia* und orange *Hemerocallis*, aber dann nicht in billigem Orange; 'Golden Chimes' könnte eine hübsche sein, kleinblühend. Man darf auch einmal an bestimmte spätblühende Päonien denken!

Wer etwas von starken Kontrasten hält, setzt blauviolette *Delphinium* daneben (Mien Ruys tat dies schon lange), auch *Phlomis tuberosa*, blaue *Campanula* wie *C. lactiflora* 'Prichard's Variety' und *C. lactiflora*; zusammen mit dem „Allesverbinder" *Alchemilla mollis* stets schön.

Sollte das insgesamt ein wenig zu grell werden, dann hat man die Auswahl unter einer Anzahl sanfter gefärbter Geranium-Sorten: *G. psilostemon* 'Bressingham Flair' hat deutlich mehr Rosa im Rot und bleibt niedriger, jedoch fehlt ihr die Ausstrahlung der Art. Auch 'Ivan', wahrscheinlich eine Hybride mit *G.* × *oxonianum*, bleibt niedriger, ist aber wieder einen Schuß intensiver in der Farbe – sicher eine glückliche Kombination mit *Clematis recta* 'Purpurea'. Ein sehr guter Ersatz für 'Ivan' ist 'Patricia', eine Neuheit, die ungefähr 75 cm hoch wird und rosa-magentafarbene Blüten mit einem schwarzen Herz hat; sie ist ein reich- und vor allem durchblühender Solitär.

Dieselbe Farbintensität, dieselbe Leuchtkraft, aber dann in Violett, haben wir bei der niedrigeren, breit auswachsenden 'Ann Folkard', einer Kreuzung zwischen *G. procurrens* und *G. psilostemon*. Im zeitigen Frühjahr kommen die Blätter zum Vorschein, anfänglich sind sie goldgelb mit etwas Grün darin, um später in der Saison hellgrün zu werden. An den liegenden und überall durchklimmenden Trieben öffnen sich ab Juni ununterbrochen neue Blüten in der Form und Größe von *G. psilostemon*, aber hier sind sie samtig violett mit etwas Rot und mit einem dunklen Auge. Man sollte sie bevorzugt in der Rabatte verwenden, wo sie durch andere Pflanzen hindurchwachsen kann, an einem Weg entlang, aber immer mit genügend Platz. Ein Meter im Quadrat ist nicht zu viel. Man kann dieselben Prinzipien bei der Auswahl guter Nachbarn anwenden wie bei *G. psilostemon*: Aufpeppen mit roten und purpurnen Farben oder Abkühlen mit Grün und Blau, mit *Nepeta*, *Euphorbia*, *Eryngium* und mit niedrigen, sanftgelben *Achillea* 'Moonshine' etc.

Wenn 'Ann Folkard' für den ihr zugeteilten Platz zu groß wird, dann sollte man versuchen, 'Anne Thomson' zu bekommen; sie bleibt kompakter und ist etwas zierlicher. Ihre Blütenfarbe ist nahezu identisch.

Es ist gar nicht so einfach, nach der prächtig blühenden *G. psilostemon* noch eine Art zu finden, die denselben Eindruck macht und als Solitär herausspringt: Entweder sie blühen zu kurz oder sie sind nicht hoch genug oder zu weich, um allein aufrecht zu stehen. Das letztgenannte Übel ist vor allem eine Eigenschaft von *G. pratense*, dem Wiesen-Storchschnabel. Seine Sorten sind mit ein wenig Unterstützung sehr schön in der Rabatte. Da ist z. B. 'Mrs. Kendall Clark' mit ihren großen, flachen, hell lilablauen Blüten, die auffallend weiß geadert sind und in großen Dolden im Vorsommer blühen. Je länger sie ihren Platz hat und je höher sie wird, desto leichter fällt sie um, gerade wenn sie in voller Blüte steht. Es genügt ein kleines Unwetter im Juni mit viel Regen und Wind, dann geht sie dahin, und mit nichts bekommt man sie wieder tadellos aufgerichtet. Um das zu vermeiden, sollte man die Pflanze in jedem Frühjahr teilen, dann bleibt sie kürzer und stabiler.

Auch *G. pratense* 'Silver Queen' ist ein Vorschlag: Sie hat den gleichen Wuchs, aber sie schmückt sich mit ganz hell lilarosa Blüten, mit Staubfäden, die schwarze Helmschuppen haben. Die Blütenfarbe hängt bei ihr stark von der Temperatur ab: Bei kaltem und nassem Wetter tendiert die Farbe mehr nach Blau, bei Wärme mehr nach Rosa. Nach der Blüte sollte alles abgeschnitten werden, um eine Selbstaussaat zu verhindern und um einen Schub neuer Blätter zu bekommen.

Leider noch unbekannt, aber das wird sich rasch ändern, ist 'Elizabeth Yeo', offiziell *G. pratense* subsp. *stewartianum* var. *stewartianum* 'Elizabeth Yeo' genannt, aber der Sortenname soll uns genügen. Die Sorte ist nach der Ehefrau von Peter Yeo benannt, der ein außergewöhnlich gründliches Buch über Geranium geschrieben und dazu beigetragen hat, die Gattung überschaubar zu machen. 'Elizabeth Yeo' erhebt dunkelrosa Blütenstände über einem zierlichen Blatt und ist für die Rabatte ein echter Gewinn.

G. pratense 'Mrs. Kendall Clark'

Man sollte die *G. pratense*-Sorten mit kräftig wachsenden, aber nicht allzu zierlichen Pflanzen zusammen verwenden, die ihnen Stütze geben und sie möglichst aufrecht halten: *Monarda* in sanften Farben, schöne *Artemisia* oder auch *G. psilostemon*, wodurch eine ungeahnte Blütenpracht entsteht.

Die beiden Königinnen der Rabatte, außerordentlich temperamentvoll, sind die gefülltblühenden Formen von *G. pratense*: blaue 'Plenum Caeruleum' und die violette 'Plenum Violaceum'. Und dann ist da auch noch eine weiße gefüllte 'Plenum Album', die aber so schwierig ist, daß die hier übergangen werden soll. Die gefüllten Formen von *G. pratense* werden gern altmodisch genannt, aber das ist Unsinn; sie sind wunderschön akkurat und kostbar im Aufbau, ein bißchen vik-

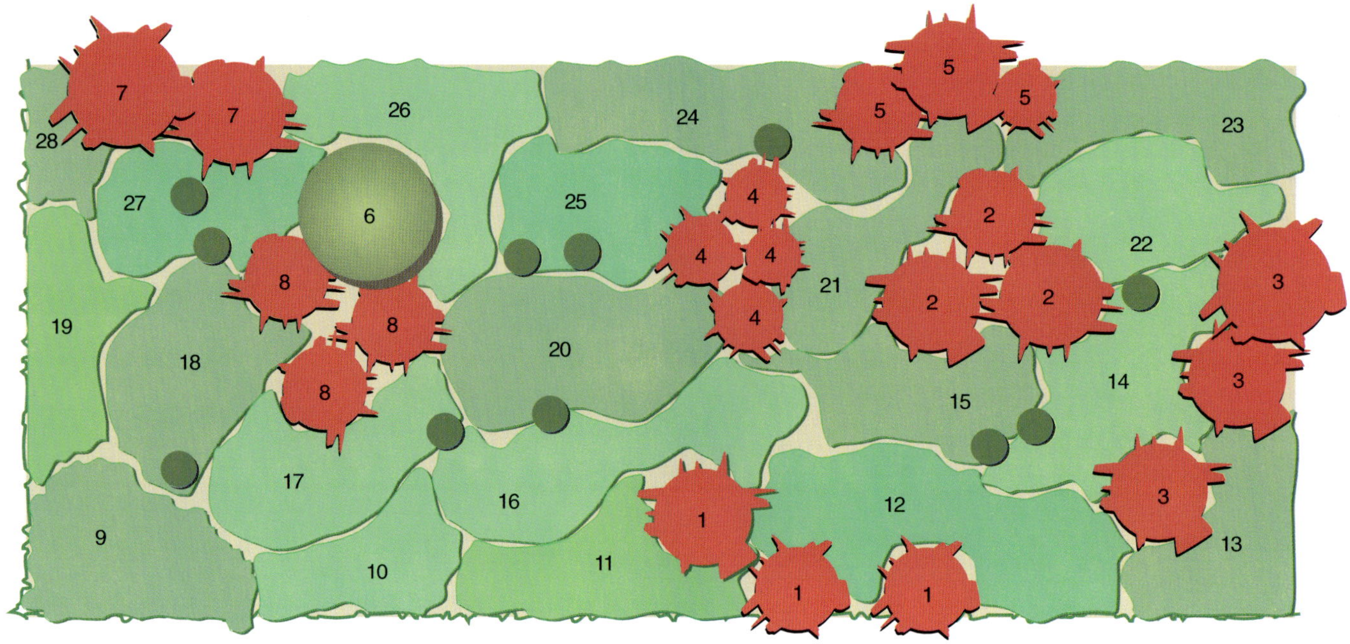

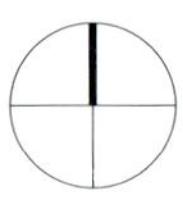

M 1 : 50

Insel-Beet

- ● Verbena bonariensis
  ergänzen mit Allium sphaerocephalon
  (reichlich und willkürlich an die Ränder des Beetes gepflanzt)
- 1 Geranium 'Ann Folkard'
- 2 Geranium pratense 'Mrs. Kendall Clark'
- 3 Geranium 'Brookside'
- 4 Crocosmia 'Lucifer'
- 5 Geranium 'Dilys'
- 6 Salvia officinalis 'Würzburg'
- 7 Geranium wallichianum 'Buxton's Variety'
- 8 Geranium psilostemon
- 9 Geranium wlassovianum
- 10 Euphorbia dulcis 'Chameleon'
- 11 Astrantia major 'Rubra' oder 'Claret' oder 'Ruby Wedding'
- 12 Salvia verticillata 'Purple Rain'
- 13 Origanum 'Rosenkuppel'
- 14 Hemerocallis 'Corky'
- 15 Campanula lactiflora 'Prichard's Variety'
- 16 Achillea 'Martina' oder 'Schwefelblüte'
- 17 Penstemon 'Rich Ruby' oder 'Blackbird' oder 'Raven'
- 18 Aster lateriflorus 'Horizontalis'
- 19 Heuchera 'Palace Purple' oder 'Rachel'
- 20 Monarda 'Purple Ann' oder (evtl.!) 'Kardinal'
- 21 Thalictrum aquilegifolium 'Thundercloud'
- 22 Veronica spicata 'Pink Damask', evtl. 'Rotfuchs'
- 23 Sedum 'Mohrchen'
- 24 Salvia verticillata 'Purple Rain'
- 25 Solidago 'Lemore'
- 26 Potentilla 'Volcan'
- 27 Aquilegia vulgaris 'Ruby Port'
- 28 Artemisia stelleriana 'Mori's Form' oder A. schmidtiana 'Nana'

torianisch im Stil und bescheiden. Ihre Blütezeit ist lang, weil sie gefülltblühend und deshalb steril sind. Die blaue 'Plenum Caeruleum' hat lockere, hellblaue, etwas lila getönte Blüten und wird bei guter Kultur etwa 80 cm hoch. Die violette 'Plenum Violaceum' ist dunkler, violettblau, zur Mitte hin violettrot. Die Blüten sind eleganter, mehr symmetrisch gefüllt. Beim Kombinieren mit diesen „ruhigen" Pflanzen sollte man subtile Nachbarn suchen: graublättrige Lavendelarten mit ihren violettblauen Blütenähren, niedrige *Thalictrum* wie *T. aquilegifolium* 'Thundercloud', lila *Viola cornuta*, *Salvia sclarea*, bescheidene *Nepeta* wie 'Walker's Low' und die alten vertrauten 'Six Hills Giant', *Aster × frikartii* 'Mönch', *Artemisia* und *Amsonia orientalis*.

Nach der Blüte sollten die abgeblühten Stiele und die alten Blätter am Boden abgeschnitten werden, damit die Pflanzen neu sprießen und Kraft sammeln können, um im folgenden Jahr wieder reich zu blühen; dazu sollte man gleichzeitig etwas Knochenmehl extra geben. Die

G. renardii,
G.× oxonianum,
G. endressii, G. pratense
'Mrs. Kendall Clark'
und *G.× magnificum*

gefüllten *G. pratense*-Formen sind sehr empfindlich für Falschen Mehltau. Um davon möglichst verschont zu bleiben, sollten sie in der Rabatte einen offenen, freien Platz bekommen, wo sie nicht von schnellwachsenden Nachbarpflanzen in Bedrängnis gebracht werden können, am besten einen Platz in der vollen Sonne.

Es ist schwierig, zwischen 'Brookside' und 'Spinners' zu entscheiden, wenn man einen schönen blaublühenden Solitär für die Rabatte haben will. Beide haben das „Besondere", wodurch sie auffallen. Nur aus persönlicher Vorliebe würde ich mich dann für 'Brookside', eine Kreuzung zwischen *G. pratense* und *G. clarkei* 'Kashmir Purple', aussprechen. Sie bildet große Büsche tiefgeteilter Blätter, wird 70 bis 80 cm hoch und blüht im Juni überreich mit runden, schalenförmigen, hellblauen Blüten mit einer helleren Mitte und – sehr wichtig – mit einer reichen Nachblüte im September-Oktober, ohne daß dafür nach der ersten Blüte zurückgeschnitten werden muß. Alles Neue und Gute findet entsprechende Beachtung. Das gilt auch für 'Brookside', die gegenwärtig mit Nachdruck vermehrt wird.

Manche sagen, daß sie zu sehr 'Johnson's Blue' gleiche und darum überflüssig sei. Das ist aber nicht wahr, 'Johnson's Blue' fällt nach der Blüte auseinander, hat keine Nachblüte und bleibt viel zu niedrig. Die Blütenfarbe von 'Brookside' kommt von allen Geranium einem reinen Blau am nächsten. Man sollte sie mit Hellgelb und Creme, mit Rosen in diesen Farben, mit hellgelben *Achillea* und wegen ihrer Nachblüte mit *Sedum*, *Aster* ×*frikartii* 'Mönch' oder der hellgelben *Solidago* 'Super' kombinieren. Eigentlich paßt sehr viel dazu, auch graublättrige Arten und Formen. Für die Rabatten gibt es natürlich noch viel mehr Geranium, die dort eine weniger dominante Rolle spielen können:

- als Randpflanze in der Rabatte und als Verbinder zu anderen Pflanzen
- als Verbinder zwischen Pflanzen mit ausgeprägten Formen
- als Blattpflanze, eine bescheidene Rolle als Solitär
- in Töpfen, als Blattpflanze auf der Terrasse.

Geranium als Rand- oder Einfassungspflanze in der Rabatte

Einfassungspflanzen gibt es im Überfluß. Grob gesehen kann man sie in zwei Kategorien einteilen: eine Gruppe, die schön und relativ kompakt auf ihrem Platz bleibt und eine andere Gruppe, die Ausläufer bildet und zwischen anderen Pflanzen hindurchwächst.

Standortfeste Geranium

Sauber auf seinem Platz bleibt *G. sanguineum*, Blut-Storchschnabel, eine Pflanze für vornean, niedrig im Wuchs und mit wenig Ausläufern. Davon ist eine große Anzahl von Sorten erhältlich, einige kompakt, andere wieder lockerer und breiter auswachsend. Das werden mit der Zeit halbrunde kleine Hügel aus kleinen, fein eingeschnittenen Blättern und mit kleinen, schalenförmigen Blüten überdeckt. Mit am schönsten ist *G. sanguineum* var. *striatum* mit sehr blaßrosa, dunkelrosa geaderten Blüten im Vorsommer und mit einer Nachblüte im Herbst. Dieses Geranium wird etwa 30 cm hoch und auf Dauer 40 cm breit. Es läßt sich mit vielerlei niedrigen Pflanzen kombinieren. Ebenfalls kompakt wachsen die ziemlich violettrote 'Max Frei', die rosarote 'Jubilee Pink', 'Shepherd's Warning' und 'Ankum's Pride', die letzte eine durchblühende, richtig süße, rosarote Sorte. Lokkerer und höher wird die weiße Sorte 'Album', eine klassische Begleiterin von Rosen. Zuverlässig breit auswachsend sind die behaarte 'Elsbeth' und die kahle 'Cedric Morris', beide großblumig violettrot; 'Elsbeth' hat auch noch eine prächtige Herbstfärbung. Eine aparte Farbe hat ferner 'Glenluce', einigermaßen lilarot, mauve, aber nicht so grau.

In all ihren Formen ist *G. sanguineum* sehr gut zu bewundern: an einem Weg entlang, hängend über einer niedrigen Mauer, im Steingarten, eigentlich überall.

Die Kombinationsmöglichkeiten sind bei der großen Vielfalt an Formen fast endlos. In der vollen Sonne kann man niedrige *Campanula* daneben pflanzen, die angenehm riechende *Calamintha nepeta* in Blau, Lila und Weiß, kleine *Salvia*, *Origanum* 'Herrenhausen', 'Rotkugel' und die goldgelbblättrige 'Norton Gold', also allerlei wärmeliebende kleine Stauden; auch *Diascia* passen dazu.

Prächtiges Blatt und doch bescheiden, so kann man *G. renardii* charakterisieren, mit graugrünen („salbeigrünen"), gezackten und gerunzelten, etwas behaarten, runden Blättern. Im Juni blüht es ebenso bescheiden mit Blüten, die kleinen Stockrosen ähneln, in zartem Blaßlila mit violetten Adern. Dieses Geranium wird ungefähr 35 cm hoch. Ein kleine Gruppe dieser Art ergibt vorne in der Rabatte ein abgerundetes Ganzes, eine perfekte Mischung von Blattform und Blattfarbe, harmonisch und ausbalanciert. Lebte Karl Foerster noch, er würde *G. renardii* einen „Ordnungshelden" nennen.

Für etwas mehr Farbe gibt es 'Philippe Vapelle', eine Kreuzung mit *G. platypetalum*, mit violettblauen, geaderten Blüten. Das Blatt ist beinahe gleich wie das von *G. renardii*, aber kahl und ein wenig grüner von Farbe. Es wird 40 cm hoch. Jedoch hat es weniger Ausstrahlung.

'Chantilly' ist eine Neuheit, eine Kreuzung von *G. renardii* mit *G. gracile*, mit einem Blatt, das in den äußeren Merkmalen zwischen den Eltern steht, mit Wölkchen kleiner, hellrosa Blüten. Eine charmante, duftige Erscheinung.

G. renardii braucht Nachbarn mit Charakter, mit klaren Blattformen und -farben, z.B. bei den grau- und blaugrünen Blättern von *Ruta graveolens* und ihrer blaugrünen Variante 'Jackman's Blue', bei Gewürzpflanzen wie *Salvia officinalis*, *Origanum laevigatum*, *Lavandula*-Arten, bei *Calamintha* und bei der weißblättrigen *Lamium* 'White Nancy'.

Für eine größere und stärkere Gruppe von vorderen Randpflanzen kann man auch noch *G. × oxonianum* 'Walter's Gift' wählen, die vor allem eine Blattpflanze ist. Das prächtige Blatt ist im Frühjahr glänzend hellgrün mit braunbronzefarbenen Flecken und im Sommer mit einem bleibenden dunkleren Ring. Die Blüten sind wie die von *G. versicolor*, einem der Eltern: klein, hellrosa und dicht violettrot geadert. Auf Dauer wird 'Walter's Gift' 40 cm hoch und 60 cm breit.

G. sanguineum var. *striatum* mit *Veronica prostrata* und *Gypsophila repens*

Ausläuferbildende und sich ausbreitende Geranium

Die Auswahl von Randpflanzen mit langen Ausläufern ist noch ein Stück größer. Man braucht sie, um sie über einen mit Steinen befestigten Weg (nicht im oder am Rasen, weil sie dort mit abgemäht werden), und um sie durch andere Pflanzen hindurch wachsen zu lassen, die früher verblüht sind, oder die in Kombination mit sich ausbreitenden Geranium stärker akzentuiert werden sollen, wie die straffblättrigen *Iris*. Auch können diese Geranium über einen kleinen Strauch hinwegwachsen, was ihre mitunter gewaltige Wuchskraft auffangen kann: In England verwendet man gern *Brachyglottis* 'Sunshine' dafür, besser bekannt als *Senecio greyi* 'Sunshine', ein bei uns nicht winterharter, kleiner, graublättriger, wintergrüner Strauch. Man sollte hier etwas

Geranium 'Ann Folkard'

anderes, z.B. die blaue *Caryopteris × clandonensis* 'Heavenly Blue' oder *Perovskia atriplicifolia* 'Blue Spire' probieren, durch die 'Ann Folkard' dann hindurchspielen kann, oder vor einer kleiner bleibenden Geranium eine kleine silberblättrige Weide oder ein dickes Polster *Sedum* 'Matrona' als Stützpfeiler.

Es gibt eine Anzahl interessanter Sorten, die alle *G. procurrens* als Elter haben: 'Ann Folkard' und 'Anne Thomson', Kreuzungen mit *G. psilostemon* 'Salomé', eine Kreuzung mit *G. lambertii*, ein mäßiger Wachser, der bei uns auf nassem Boden sicher nur bedingt winterhart ist, aber prächtige Blüten hat: geheimnisvoll dunkel lila-rosa-violett mit dunkleren Adern und einem dunklen Herz an liegenden Stielen mit marmoriertem Blatt. Eine Pflanze für passionierte Liebhaber! Unverwüstlich dagegen ist 'Dilys', eine Kreuzung von *G. procurrens* mit *G. sanguineum*, mit dem kleinen, eingeschnittenen Blatt der zweiten Art und den kleinen, violettroten Blüten mit dunklem Herz, die eher zu *G. procurrens* neigen. Für dieses Geranium muß ein Platz von mindesten 75 × 75 cm reserviert werden.

G. procurrens selbst kann in einem milden Klima ein gefährliches Unkraut werden. Es bildet Ausläufer so wie eine Erdbeere, kriecht zügellos voran und bedeckt rasch große Flächen. In unserem kontinentalen Klima ist die Pflanze nicht absolut winterhart. Im milderen Klima Englands versucht man die Wuchskraft etwas einzuschränken, indem man die Pflanze durch einen Strauch wachsen läßt, dadurch kommen auch die Blüten besser zu ihrem Recht. Sie sind ziemlich klein, düster lilaviolett mit einem beinahe schwarzen Herz und mit dunklen Adern.

Ebenfalls nur wenig winterhart ist 'Joy', eine Kreuzung mit einer neuseeländischen Art und nach Joy Jones benannt, einer bekannten Geranium-Kennerin in England. 'Joy' bildet große Büschel marmorierter Blätter, die in milden Wintern größtenteils erhalten bleiben. Von Mai bis Oktober entwickeln sich an langen Trieben immer wieder neue Blüten, ziemlich groß, blaßrosa mit dunklerer Aderung. Prächtig ist sie an einer geschützten Stelle in voller Sonne, wo sie genügend Platz hat.

G. lambertii, eines der Eltern von 'Joy', ist mit ihren hängenden, schüsselförmigen, hellrosa bis beinahe weißen Blüten bestimmt eines der allerschönsten Geranium, doch muß es in den Liebhabergarten verwiesen werden, weil es empfindlich und schwierig ist.

Eines der in der Literatur bekanntesten Geranium ist zweifellos *G. wallichianum* 'Buxton's Variety'. Es wird wegen seiner späten Blüte und der intensiv blauen Blüten mit einem großen, weißen Herz, einem Blau, das mit dem Fortschreiten des Herbstes immer tiefer wird, fast in den Himmel gelobt. Da stellt sich die Frage, warum diese Sorte nur so sporadisch angeboten wird und warum man nur so selten etwas über Erfolge hört? Die Wahrheit ist, daß 'Buxton's Variety' schwierig ist. Schwierig, sie zu verkaufsfähigen Pflanzen heranzuziehen und schwierig, sie in kalten Wintern durchzubringen. Auch die Aussaat, die einzige zuverlässige Vermehrungsmethode, scheitert meistens daran, daß Samen erst sehr spät im Jahr und oft ungenügend angesetzt wird. Glückt es dennoch, bei einem zuverlässigen Gärtner eine 'Buxton's Variety' zu bekommen, dann sollte man sie an einen geschützten Platz, ein wenig in den Halbschatten, pflanzen, denn da wird das Blau am schönsten.

Es wird manchmal Campanula-Blau genannt, aber welche *Campanula* hat Modell gestanden? Auch von Nemophila-Hainliebchen-Blau ist die Rede.

Man sollte 'Buxton's Variety' durch andere Pflanzen hindurchschlängeln, über einen niedrigen Strauch oder von einer niedrigen Mauer herabhängen lassen. Im Herbst verfärbt sich das Blatt rötlich. Das läßt sich schön mit anderen Herbstfarben wie denen von *G. wlassovianum* kombinieren, aber auch mit den spätblühenden Herbstanemonen, die wie kleine Staketen vor den schwingenden Stielen stehen. Schön ist eine Kombination mit kräftig gefärbten Spätsommerblühern, mit winterharten Fuchsien, mit hellgelben *Scabiosa ochroleuca* und nachblühenden gelben *Achillea*. Auch mit dunkelblättrigen *Sedum* wie 'Morchen' und *Sedum maximum* 'Atropurpureum' oder mit braunrot beblätterten *Heuchera* wie 'Palace Purple' oder der rosablühenden 'Rachel' und mit all den neuen, heute sehr populären *Heuchera*-Sorten aus Amerika wie 'Persian Carpet', 'Amethyst Mist', 'Chocolate Ruffles' lassen sich großartige Wirkungen erzielen.

Wenn es mit 'Buxton's Variety' nicht gelingen sollte, dann kann man es auch mit *G. wallichianum* 'Syabru' versuchen. Sie hat karminrote Blüten, ist aber nicht weniger schwierig. Beide müssen bei strengem Frost abgedeckt werden.

Ein bescheidener und wenig auffallender „Wucherer" ist *G. asphodeloides*, leicht in Sonne und Halbschatten wachsend. Vom Vorsommer an kommen immer wieder neue Blüten, und das geht so bis zum Herbst weiter. Es sind kleine, sternförmige Blüten, nicht gerade spektakulär, aber fortblühend. Die Blüten sind abhängig von der gewählten Sorte, z.B. weiß bei 'Starlight' oder blaßlila mit dunklerer Aderung bei 'Prince Regent'. *G. asphodeloides* gibt der Staudenrabatte das kleine Extra, das nötig ist, um eine etwas langweilige Gruppe vorne am Rande etwas zu beleben.

Abschließend sind hier noch drei Sorten von *G. × riversleaianum* für den Vordergrund zu nennen, wo die langen, liegenden Stengel herrlich in der Sonne schmoren können. So ein Platz ist unbedingt nötig, weil keine von den drei Sorten zuverlässig winterhart ist. Am härtesten ist noch 'Mavis Simpson', eine Kreuzung zwischen *G. endressii* und *G. traversii* aus Neuseeland. Auf schön warmen Plätzen wächst sie zu einer graugrünen, flachen Matte, überdeckt von unzählig vielen hellrosa Blütchen, die den ganzen Sommer hindurch blühen. Man sollte sie mit anderen, kontrastierenden Dauerblühern und mit dunkelblättrigen *Heuchera* kombinieren, und wenn man Mut hat, auch einmal mit der „Schokoladenpflanze" (*Cosmos atrosanguineus*), der lustigen „kleinen Dahlie" mit den braunroten, nach Schokolade duftenden kleinen Blütchen, leider nicht hart, aber im Topf frostfrei über den Winter zu bringen. 'Russell Prichard' ist leider noch empfindlicher. Die außergewöhnlich reiche Blüte entschädigt vielleicht ein wenig, sie ist auffallend hell rotviolett.

Die letzte in diesem Trio ist 'Little Gem', klein und grell karminrot. Bei Kälte muß man diese drei gut abdecken.

Geranium als Verbinder in der Rabatte

Das sind geschmeidige Übergangspflanzen zwischen kontrastierenden Wuchsformen, Farben und Blütezeiten in den Rabatten.

War die Auswahl an Wegrand- und kriechenden Geranium schon groß, für Übergänge und Verbindungen aller Art in der Rabatte gibt es noch viel mehr Möglichkeiten. Geranium mit ihrem natürlichen Habitus sind aufgrund ihrer lockeren Wuchs- und Blattformen und ihrer meist weichen Blütenfarben immer die idealen Verbinder, Ausnahmen wie *G. psilostemon* dahingestellt. Abstufung und Schattierung in den Blattformen und -farben sind in reichem Maße vorhanden, und wählerisch, was den Standort angeht, sind sie auch nicht. Geranium sind bestens geeignet, offene oder mit der Zeit offen werdende Stellen zu füllen, und gerade da, beim Ausarbeiten von Bepflanzungsplänen, können sie durch die große Auswahl an Arten und Sorten eine große Hilfe sein. Ihre Hauptblüte ist Ende Mai-Juni. Von einigen Leuten, nicht von mir, sind sie als „kahl“ mit kurzen Blühperioden beschrieben und als „Juni-Gähner“ verschrien – ein von Nichtswissern in die Welt gesetzter Unsinn.

Blau

Blau in allerlei Nuancen ist die vorherrschende Farbe in der Gruppe verbindender Geranium mit einer Auswahl im Überfluß.

G. erianthum zum Beispiel blüht bereits Ende April-Anfang Mai mit hübschen, ziemlich flachen Blüten, die von Lilablau bis Tiefblau variieren können und stets dunkel geadert sind. Es ist eine solide Pflanze, etwa 40 cm hoch, die nicht auseinanderfällt und fest dasteht, ohne in den Vordergrund zu treten. Im Herbst erlebt man prächtige Herbstfarben. *G. erianthum* kann in einer „schönen“ Rabatte neben allerlei hellgelben Nachbarn wertvoll sein, aber auch in einer halbschattigen, natürlicheren Bepflanzung, wo das Blau sich noch weiter vertieft und gegen die graublau bereiften Blätter der kleinen *Hosta* 'Halcyon' oder gegen die in dieser Zeit noch frischen, unberührten Blätter von *Hosta sieboldiana* 'Elegans' absticht. Ecken mit dann bereits abgeblühten Frühjahrsblühern wie *Helleborus orientalis* und dem kräftigen *Epimedium*, z.B. 'Frohnleiten', werden wieder aufgefrischt. Die bescheidene Nachblüte im Nachsommer gibt die Möglichkeit, sie neben andere blaue Spätblüher wie *Aster* ×*frikartii* 'Mönch', *A. amellus*, *A. lateriflorus* 'Horizontalis' oder neben dunkelblättrige *Sedum* oder die dunkle purpurviolette *Verbena* 'Homestead Purple' zu setzen. Und mit dieser *Verbena* kommt man ganz beiläufig zu einem anderen, für die Rabattenbepflanzung besonders wertvollen Geranium:

G. wlassovianum ist beachtenswert durch die dunkelbraun gefleckten Blätter und die erst im Nachsommer erscheinenden dunkel violettroten Blüten mit kleinem, weißen Herz. Das junge Blatt hat im Frühjahr die Farbe eines Eichenblattes im Austrieb, braun mit rosa Tönung; im Herbst verfärbt es sich grell von Gelb nach Rot. *G. wlassovianum* verdient es, besser bekannt zu sein, schon durch die Leichtigkeit, mit der diese 40 cm hoch werdende Art wächst, bevorzugt im Halbschatten, wo es nicht zu trocken wird. Die Kombination mit Blau und Violettrot wurde bereits erwähnt, aber auch mit grau- und braunblättrigen Pflanzen harmoniert sie sehr, z.B. mit *Rodgersia pinnata* 'Superba' oder 'Rotlaub', aber auch mit neuseeländischen *Carex*-Arten, die für sich allein immer etwas leblos aussehen. Die Art kann zusammen mit bronzefarbenem Fenchel und der bronzeroten *Euphorbia dulcis* 'Chameleon' und natürlich auch mit den rotblättrigen *Heuchera*, die mit ihrem Aufmarsch begonnen haben, sehr gut wirken. Neben *Aster lateriflorus* 'Horizontalis' ist es eine auf den ersten Blick melancholische, aber doch ganz typische Spätjahrsgruppe.

Ebenfalls im blauvioletten Bereich des Spektrums findet man *G. clarkei* 'Kashmir Purple', 40 cm hoch, mit tief eingeschnittenem Blatt. Ein Wucherer, der mit Hilfe seiner unterirdischen Wurzelstöcke bzw. Rhizome den ihm zugewiesenen Platz schnell bedeckt und seine langsamer wachsenden Nachbarn regelrecht verschlingen kann. Nicht für den kleinen Garten also, aber ruhig pflanzen, wenn mehr Platz vorhanden ist, denn da blüht die Art mit großen, etwas glockenförmigen, blauvioletten Blüten, die den Betrachter anschauen und sich am Ende dünner Blütenstiele wiegen, sehr zierlich. Wegen ihrer Wuchskraft ist 'Kashmir Purple' sehr gut als Bodendecker für größere Flächen zu gebrauchen, unter Rosen und Sträuchern in der Sonne oder im Halbschatten.

Dieselbe Rolle kann *G. himalayense* 'Gravetye' ausfüllen, eine gut wachsende, aber nicht wuchernde Sorte, etwa 30 cm hoch werdend. Die runden Blüten sind verhältnismäßig sehr groß, bis 6 cm im Durchmesser, tief violettblau mit ein wenig Weiß in der Mitte mit einem roten Fleck drumherum, von dem rote Äderchen ausfächern. Der Unterschied zu *G. clarkei* 'Kashmir Purple' liegt in dem roten Fleck in der Blütenmitte; außerdem ist die Blüte von 'Gravetye' viel flacher und mehr zu Blau als zu Violett neigend. Ferner ist das Blatt von 'Kashmir Purple' viel stärker eingeschnitten, und die Wuchsweise ist lockerer und etwas ungezügelter.

G. himalayense 'Gravetye'

Beide Sorten sollten, wenn Platz vorhanden ist, mit der blaßgelben *Coreopsis verticillata* 'Moonbeam', mit *Alchemilla mollis*, mit *Salvia nemorosa* in einer von ihren vielen Sorten, mit graublättrigen Pflanzen oder mit Sträuchern, bevorzugt mit hellgelb blühenden Rosen kombiniert werden.

Etwas heller blau, mit demselben roten Herz, ist *G. himalayense* 'Irish Blue'. *G. himalayense* 'Plenum' hat gefüllte, lila-rotviolette Blüten.

G.×magnificum

Verwirrend ist es schon, all die Geranium in den Farben Blau, Blauviolett, Violettblau und Lila, und es gibt noch ein paar mehr in der Kategorie. So das vielleicht am besten bekannte, erprobte und unentbehrliche *G. × magnificum*, eine Art, die man überall in Bauerngärten sehen kann und dann oft in Kombination mit grellorange *Geum* 'Borisii', rotorange *Papaver* und mit *Alchemilla mollis*; eine echte „altmodische" Vorsommergruppe, weniger fein strukturiert, aber wirkungsvoll. *G. × magnificum* ist kräftig, bis 60 cm hoch und bildet schöne Stauden mit runden, haarig dunkelgrünen Blättern, die sich im Herbst gelb verfärben. Die flachen Blüten sind von einem reichen, tiefen Violettblau mit dunkleren Adern und erscheinen Ende Mai-Anfang Juni kurz und ohne spätere Herbstblüte. Auch unter großen Sträuchern, wo es im Sommer sehr trocken werden kann, wächst dieses Geranium gut. In Kombination mit der hellgelben *Rosa* 'Nevada' und in der Rabatte mit hellgelben *Achillea* ist *G. × magnificum* eine Schönheit.

Obwohl nicht ganz so bekannt, ist 'Johnson's Blue' ein schneller und leichter Wachser mit tief eingeschnittenem Blatt, ab Ende Juni mit offenen, hell lavendelblauen Blüten mit deutlich weißem Herz, in dem ein ganz klein wenig Rot sitzt. Weil die Sorte steril ist, blüht sie lange durch und bietet Möglichkeiten der Kombination mit anderen Pflanzen in größerer Zahl als andere blaublühende Geranium, besonders auch mit Hellgelb, wie es bestimmte *Hemerocallis*-Sorten haben, mit grauen *Hosta* und natürlich mit Alten Rosen. Im Charakter ähnelt 'Johnson's Blue' mehr *G. clarkei* 'Kashmir Purple' als *G. himalayense* 'Gravetye': 'Johnson's Blue' ist lockerer und vielsagender und die Blüten sind flacher und offener als die von 'Kashmir Purple'. *G. × magnificum* ist viel höher, gröber und dunkler in der Blüte. Nach der Blüte fällt 'Johnson's Blue' auseinander.

Die in diesem Hauptkapitel bisher beschriebenen blaublühenden Geranium sind bereits länger bekannt und bewährt, in der Regel auch gut erhältlich. Das gilt weniger für das folgende Trio neuer, sehr guter Sorten: 'Brookside', 'Nimbus' und 'Spinners'.

'Brookside' ist wunderbar rein blau, in ihrer Art das Beste und nicht nur als gewöhnliche Rabattenpflanze zu verwenden, sondern auch als Solitär, wie schon besprochen. Vor allem die Nachblüte im September-Oktober ist sehr willkommen, auch weil das Blau dann am schönsten ist.

'Nimbus' hat nicht das ganz klare, reine Blau, hier ist das Blatt der Blickfang. Im Frühjahr ist es beim Austrieb gelbgrün gefärbt, oft zu Unrecht goldgelb bezeichnet. Dieses Blatt ist tief eingeschnitten, und jeder Abschnitt ist im Rand wieder fein ausgestanzt. An den breit und wirbelig austreibenden Pflanzen, etwa 50 cm hoch, erscheinen ziemlich große, blauviolette Blüten, die durch die schmalen, einander nicht überlappenden Blütenblätter sternförmig aussehen. Leicht wachsen die pendelnden Stengel durch andere Pflanzen, und mit den gelblichen Blättern kann 'Nimbus' auch Sträucher gelb „färben", sofern man daran Geschmack findet. Entsprechende Partner sind *Philadelphus coronarius* 'Aureus', *Spiraea japonica* 'Goldflamme' oder die grüngelbblättrige *Hosta plantaginea* 'Grandiflora' und *Hosta* 'Sum and Substance' oder das ebenfalls locker auswachsende, gelbgefleckte *Geranium shikokianum*, das etwas später blüht.

'Spinners', eine aufrecht wachsende Pflanze, hat ebenfalls tief eingeschnittene Blätter an kräftigen Pflanzen mit Blütenstielen, die gut etwas Stütze gebrauchen können und die bis 1 m hoch werden. Die Blüten sind tief violettblau, violetter als 'Nimbus'. Was Blüte und Blatt anbelangt, könnte eine Verwechslung mit *G. clarkei* 'Kashmir Purple' entstehen, aber 'Spinners' wird viel höher und ist staudenbildend. So wie bei all den blauen Geranium gezeigt, ist die Kombination mit Grau und Hellgelb sehr schön. Und wenn solche Begleitpflanzen auch noch den etwas schlappen Blütenstielen Halt und Stütze geben, ist das um so besser.

Ein ganz besonderer Platz muß schließlich für *G. sylvaticum* 'Amy Doncaster' reserviert werden, die auch an einem halbbeschatteten Standort, sofern er nicht zu trocken ist, eine gute Staude mit breiten und runden Blättern wird, aus der im Mai die geraden, straffen Blütenstengel kommen, gekrönt mit einer lockeren Dolde aufrechtstehender, ziemlich kleiner Blüten. Nichts Besonderes auf den ersten Blick – bis die Blüten sich öffnen: wirklich prächtig tiefblau, reiner als bei einem Rittersporn und mit einer kleinen, weißen Mitte. Amy Doncaster, eine englische Pflanzenliebhaberin, hatte wie nur wenige andere ein Auge dafür, was eine gute Pflanze ist: Von ihr stammen einige hervorragende Pflanzenauslesen, z.B. *Epimedium* × *youngianum* 'Merlin'.

G. × *oxonianum* und das kleinerblütige *G. caeruleatum*

Rosa

Über all dem Blau wollen wir die anderen für Übergänge in Frage kommenden Blütenfarben nicht vergessen. In der Rabatte sind auch rosa blühende Geranium unentbehrlich. In erster Linie geht es hier um *G.* × *oxonianum*, die Kreuzung zwischen *G. endressii* und *G. versicolor*, und ihre vielen, vielen Sorten, von denen verschiedene allerdings ungeheuer wuchern und darum besser im Wildgarten oder in entsprechenden Gartenbereichen aufgehoben sind. Dort kann z.B. 'Claridge Druce' ihren Nutzen das ganze Jahr über beweisen, ohne lästig zu fallen. Eine andere Gruppe von Sorten wird gerne dazu gebraucht, um große leere Stellen in einer Rabatte aufzufüllen: schnell, wohlfeil und Beweis für Mangel an Phantasie. Um Romke van de Kaa zu zitieren: „Kommen in einem Bepflanzungsplan viele *G.* × *oxonianum* ein und derselben Sorte vor, nimm einen anderen Gartenarchitekten." Man sollte deshalb gut überlegen, wenn aus dem verfügbaren, eigentlich viel zu großen Angebot ausgewählt werden muß. Eine Auswahl aus den besseren, nicht allzu sehr wuchernden Sorten von *G.* × *oxonianum* für einen Platz in der Rabatte könnte folgendermaßen aussehen:

Rechte Seite: *G. clarkei* 'Kashmir White' mit *Anchusa azurea* 'Feltham Pride' (oben), *G. phaeum* 'Samobor' (unten)

'A. T. Johnson', 30 cm hoch, mit – wie es so heißt – silbrigrosa Blüten; das soll richtig bedeuten: hellrosa mit einem weißlichen Widerschein und unauffällig geadert. Ältere Blüten sind dunkler als solche, die sich gerade geöffnet haben. Anhaltend reichblühend.

Dunkler rosa und ein bißchen größer ist 'Rose Clair', auf jeden Fall dann, wenn man die echte bekommen hat. Oft sind allerlei undefinierbare Sämlinge von *G. versicolor* als 'Rose Clair' im Handel.

Noch dunkler, purpurrot, ist die neue 'Phoebe Noble', die roteste von allen und sehr zu empfehlen wegen der seltenen Farbe. Durch eine *Artemisia* hindurchwachsen lassen oder mit rosaroten *Astrantia* mischen.

Ganz hellrosa und fast ohne Adern ist 'Rebecca Moss', die blasseste, aber durch den silbrigen Widerschein und die lange Blütezeit unentbehrlich. Sie paßt überall dazu.

'Walter's Gift' hat nicht nur hübsche, kleine, hellrosa Blüten mit viel Aderung, sondern vor allem schön bronzebraun gefleckte Blätter. Wer etwas von Lachsrosa hält, ein beschönigender Ausdruck für Orangerosa, stößt auf 'Wargrave Pink', groß und breit, 60 × 60 cm. Bekannt und zuverlässig, aber die Farbe? Aber das ist reine Geschmacksache. 'Wageningen' ist nahezu identisch, nur etwas kleiner und kompakter.

Die Kombinationsmöglichkeiten sind durch die Verschiedenheit von Farben und Formen unbegrenzt. Zusammen mit Graublättrigen, das ist immer schön, oder mit allerlei Alten Rosen, mit violetten und blauen Stauden und Einjährigen; mit Spätsommer- und Herbstblühern wie rosa Herbstanemonen, *Sedum* und Verbenen. In der Rabatte ein zusätzlicher Pluspunkt: Die ansehnlichen Geranium-Stauden verhüllen mit ihren Blättern die von unten her kahl werdenden Stengel der Sommerblüher wie *Phlox*, *Helenium* und dergleichen. Nach der Blüte muß gründlich zurückgeschnitten werden, um im Spätsommer eine Nachblüte zu bekommen.

Zuckersüß rosa ist *G. clarkei* 'Kashmir Pink', eine prächtige, durchsichtig zarte Farbe, ohne jedes Lila oder Blau. Die Sorte wächst langsam und beherrscht, im Juni erscheinen die glockenförmigen, aufrecht stehenden Blüten am Ende von dünnen Stielen, zierlich über dem tief eingeschnittenen Blatt. Man wähle ihre Nachbarn mit Sorgfalt aus, versuche das ätherische Rosa zu betonen mit zarten Graublättrigen wie *Artemisia nutans*, mit niedrigen Rotblättrigen wie *Sedum* 'Bertram Anderson' und 'Sunset Cloud', vor der hohen *Monarda* 'Fishes', *Veronica* 'Pink Damask' und mit lieblichen *Helianthemum*.

Ende April, wenn die *Hosta* ihre Blätter entfalten und wenn es im Garten schon herrlich warm sein kann, dann blüht *G. maculatum*. An einer feuchten Stelle in der Sonne bildet sie Büschel von schönen, tief eingeschnittenen Blättern; daraus kommen gerade Stiele und Dolden von hell lilarosa Blüten mit weißem

Herz. Es gibt auch Auslesen mit rotlila Blüten. Die weiße *G. maculatum* 'Album' ist kleinblütiger und etwas steifer. Man sollte sie in einer gemischten, vielfarbigen Rabatte einsetzen.

Weiß

Ein gutes weißblühendes Geranium ist *G. clarkei* 'Kashmir White'. Aber inwieweit völlig weiß? Die glockenförmigen Blüten scheinen rosa durch die feinen, rosalila Äderchen und in bestimmtem Licht auch grau. Diese Art hat eine rasche Karriere gemacht und ist nun so bekannt, daß sie heute fast jeder schon hat. Sie wächst sehr leicht in Sonne und Halbschatten und ist mit ihrem zierlichen Wuchs überall brauchbar, neben blauen Geranium und wie so oft auch neben graublättrigen Pflanzen. 'Kashmir White' ist anfällig für Falschen Mehltau.

Geranium als Blattpflanze in der Rabatte

Auch ohne Blüten können Geranium eine Zierde in Rabatten sein. Ihre Blätter kann man das ganze Jahr über, den Winter nicht ausgenommen, genießen (obwohl der Winter 1995/1996 den Blättern nicht so gut bekommen ist). Man sollte im Dezember einmal auf *G. phaeum* 'Samobor' schauen. Die Art *G. phaeum* ist keine echte Rabattenpflanze, dafür ist sie zu „wild" und zu sehr geneigt, sich auszusäen. Für die Sorte 'Samobor' muß aber eine Ausnahme gemacht werden. Die bekannte englische Gärtnerin Elizabeth Strangman entdeckte sie vor ein paar Jahren in einem artenreichen mitteleuropäischen Laubwald in Kroatien, wo *G. phaeum* zusammen mit *Helleborus atroru-*

G. cinereum var. *subcaulescens* 'Splendens' im Trog

bens, Lamium orvala und anderen Waldpflanzen wuchs. Beim Durchstreifen der Natur und vor allem mit guten Augen kann man oft prägnante Abweichungen bei Pflanzenarten finden, und so fiel ihr diese 'Samobor' auf, deren Blatt ein breites, schokoladenbraunschwarzes Band hat. Die Blüten sehen nicht anders aus als beim gewöhnlichen *G. phaeum*. Sie können bei Verwendung in der Rabatte ohne weiteres abgeknipst werden. 'Samobor' sollte man einen halbschattigen, nährstoffreichen und feuchten Platz im Vordergrund geben, an dem die Blätter tropisch üppig auswachsen können.

Eine andere Art, die man rein als Blattpflanze sehen und pflanzen muß, ist *G. renardii*, deren Vorzüge bereits ausführlich gewürdigt wurden und die auch ohne Blüten mit ihren gekräuselten Blättern in Salbeigrün, fein in Textur und in Form, hervorsticht. Auch die Blätter der verwandten 'Philippe Vapelle' und 'Chantilly' sind so konstruiert, nur grüner.

Allein des Blattes wegen und an der Vorderkante der Rabatte, auf einem sehr geschützten Platz in voller Sonne, da sollte 'Crûg Strain' stehen, mit Rosetten gewellter, schokoladenfarbener, kleiner Blätter, zwischen denen die kleinen, weißrosa Blüten zum Vorschein kommen.

Geranium im Topf oder Kübel, als Blattpflanze und Besonderheit auf der Terrasse

Es gibt ein paar schöne Geranium, die in unserem halbkontinentalen Klima absolut nicht winterhart sind, weil sie von den Kanarischen Inseln und von Madeira stammen. Um sie dennoch genießen zu können, muß man sie wie Kübelpflanzen behandeln. In großen Töpfen auf der Terrasse oder mit dem Topf gut in die Rabatte eingesenkt, fungieren sie dort als üppige Blattpflanzen. Ende Oktober-Anfang November müssen sie an einen frostfreien, kühlen und hellen Platz nach drinnen gebracht werden, wo sie ab und zu ein klein wenig Wasser bekommen. Die idealen Plätze dafür sind in den Häusern von heute kaum noch vorhanden, sie sind meist viel zu warm und zu trocken; die Pflanzen gehen nicht echt in Ruhe, kümmern vor sich hin und werden schmächtig und schwach mit der Folge, daß sie dann auch anfällig für alle möglichen Schädlinge sind. Man könnte dann einen Gärtner am Ort fragen, ob er die Pflanzen – natürlich gegen Bezahlung – in seinem Gewächshaus überwintern würde. Allzu großes Entgegenkommen sollte man aber nicht erwarten, weil viele Gärtner Angst haben, daß mit den Gastpflanzen auch Schädlinge in ihre Häuser gelangen, mit denen sie schon so genug zu tun haben. Die Konsequenz ist oft: Man schafft sich ein Kleingewächshaus an, und ein neues Hobby ist geboren!

Die hier anzusprechenden Arten, die gut in Töpfen wachsen, gleichen alle mehr oder weniger einer mehrfach vergrößerten Version des Ruprechtskrauts, *G. robertianum*. Vor allem *G. rubescens*, eine Zweijährige aus Madeira, mit strahlend roten Blattstielen und großen, tief eingeschnittenen, nicht so gut riechenden Blättern, hat große Ähnlichkeit mit unserem Ruprechtskraut. Diese Art wird an die 60 cm hoch und blüht hellrosa mit 2,5 cm großen Blüten. Sie kann auf einem sehr geschützten, warmen Platz hier und da vielleicht einen milden Winter draußen überleben; aber dann in den freien Boden ausgepflanzt, nicht in einem Topf.

G. canariense bildet prächtige, große Blattrosetten auf kurzen Stämmchen. Es ist eine kurzlebige Staude, ebenfalls etwa 60 cm hoch, mit tiefrosa, 4 cm großen Blüten.

G. maderense ist zweifellos die größte und schönste dieser vier atlantischen Arten. Oben auf langen, dicken Stämmchen, an denen noch die Blattstiele der abgestorbenen Blätter hängen, sitzt eine eindrucksvolle Blattrosette. Wenn nach Jahren des Wachstums die Blüten kommen, kann die Pflanze gut und gerne 150 cm hoch sein. Die Blätter werden bis zu 60 cm lang und sind vielfach eingeschnitten und gefiedert. Die Blüten, violettrosa mit einem dunklen Auge, erscheinen im zeitigen Frühjahr in sehr großer Zahl, und zugleich blüht dann auch die ganze Gruppe. Nach der Blüte stirbt die Pflanze ab, liefert aber genug Samen für viele Nachkommen.

G. palmatum zum Schluß gleicht in vielerlei Hinsicht *G. canariense*, hat aber kein Stämmchen, und die Blüten sind auch dunkler. Die Art wird oft irrtümlich als *G. maderense* angeboten!

Es dürfte nicht leichtfallen, diese vier Arten gleichzeitig beieinanderzuhaben. Das kostet Mühe und Ausdauer. Doch wenn es gelingt, ist das immer eine Attraktion.

Geranium als Bodenbedecker

Bodenbedecker ist ein belasteter und oft zu Unrecht gebrauchter Begriff. Was ist gemeint? Sind es Pflanzen, die eine Art Rasen oder eine geschlossene Matte bilden, wo kein Raum mehr für andere Pflanzen bleibt und wo jede Konkurrenz ausgeschaltet wird? Eine „Monokultur“ von locker ausbreitend wachsenden Kleinsträuchern, die unkrautunterdrükkend sein soll? Es wird viel Reklame für die sogenannten bodenbedeckenden Rosen gemacht. Schon recht für das Öffentliche Grün, aber immer auch für den Garten? Und immer auch pflegeleicht? Nach einem Jahr Unkrautjäten zwischen den Stacheln zeigt sich, daß eine solche Bepflanzung äußerst arbeitsintensiv sein kann. Also Vorsicht, „bodenbedeckend“ ist oft ein Verkaufsargument, es kann passen, in vielen Fällen aber auch nicht, wenn nämlich zugleich suggeriert wird, daß dies gleichbedeutend mit pflegefrei sei. In der Regel sieht die Praxis im Garten so aus: Im ersten Jahr nach der Pflanzung muß man regelmäßig jäten, in den Jahren danach müssen zu wilde Wachser im Zaum gehalten und tote Pflanzen ersetzt werden.

Das Wort Bodenbedecker weckt nicht selten auch Assoziationen zu ausgedehn-

Rechte Seite:
G. macrorrhizum

ten Flächen, monoton z.B. mit *Vinca* und *Pachysandra* bewachsen: öde, deprimierend und langweilig! Gleichwohl ist die Verwendung von Pflanzen, die den Boden an bestimmten Orten im Laufe der Zeit größtenteils bedecken können, unvermeidlich: unter Sträuchern, auf schwierigen Plätzen im Schatten und an Stellen im Garten, denen man weniger Aufmerksamkeit widmen kann. Man sollte die Bodenbedecker aber mit Solitärs, auch holzigen, und mit Gräsern abwechseln. Außerdem sollten mehrere Arten, grünbleibende und blattabwerfende, höher wachsende und niedrigere Pflanzen mit aufeinander folgenden Blühphasen verwendet werden, um zu allen Zeiten Monotonie zu vermeiden! Es versteht sich von selbst, daß das ausgewählte Sortiment zueinander passen muß, gleiche Ansprüche an den Standort stellt und daß eine solche Pflanzung die ganze Saison hindurch das Anschauen wert ist.

Wie wachsen nun Bodenbedecker, wie bedecken sie den Boden? Einige bilden lange, überirdisch kriechende Ausläufer, die an den Stellen, wo sie den Boden berühren, festwurzeln, wie das Pfennigkraut (*Lysimachia nummularia*); andere bilden Rosetten, aus denen ein neuer Trieb wächst, bis dieser so lang ist, daß er durch sein eigenes Gewicht auf den Boden sackt, dort wurzelt und wieder eine neue Rosette bildet (Beispiel Erdbeere, *Fragaria*). Wieder andere bilden unterirdische Ausläufer, die – bei einem guten Bodenbedecker – nicht zu weit von der Elternpflanze aufkommen sollten. Und dann gibt es viele Stauden, die ganz normale, breit auswachsende Blatthorste entwickeln, die bei entsprechend enger (nicht *zu* enger) Pflanzung einander rasch berühren und so ebenfalls als Bodenbedecker fungieren können. Bestimmte Gräser gehören dazu.

Die Wuchsweise und Wuchskraft einer Pflanzenart bestimmt zu einem großen Teil die Auswahl und auch den Platz, wo sie als Bodenbedecker gepflanzt werden soll: in der Sonne oder im Schatten, auf trockenem Boden oder sogar an feuchten bis nassen Stellen. Müssen sie wintergrün sein oder ist das nicht von Bedeutung, müssen sie sich selbst behaupten können oder hilft man ihnen dann und wann ein wenig? Alle diese Faktoren bestimmen die Entscheidungen. Glücklicherweise steht bei Geranium ein reichhaltiges Sortiment dafür zur Verfügung. Man muß sich nur auskennen und die richtige Wahl treffen.

Eine jederzeit brauchbare Art, die sich mit allem zufrieden gibt, Trockenheit verträgt, mit schlechtem Boden vorlieb nimmt und selbst dann noch eine geschlossene Pflanzendecke bildet, ist *G. macrorrhizum* in allen seinen Formen. Im trockenen Schatten, dem Problembereich, ist es eine der besten Pflanzen (siehe das folgende Kapitel). Diese Art mit ihren behaarten, aromatisch riechenden Blättern wächst mit unterirdischen Ausläufern breit auseinander und bildet rasch einen geschlossenen, nahezu wintergrünen Teppich, der je nach Sorte zwischen 25 und fast 40 cm hoch wird. Die Blüten sind weiß, rosa oder karminrot, die Hauptblüte fällt in die Zeit Ende Mai-Juni.

Man kann diese Art in einem passenden Garten oder im Öffentlichen Grün, wo der Pflegeaufwand möglichst gering sein soll, in großen Stückzahlen verwenden. Für kleine Gärten oder für eine Pflanzung in kleinem Maßstab ist die Kreuzung zwischen *G. macrorrhizum* und *G. dalmaticum*, *G.* × *cantabrigiense*, besser zu gebrauchen. Sowohl *G.* × *cantabrigiense* als auch die daraus entstandenen Sorten 'Biokovo' und 'St. Ola' sind gute Bodenbedecker für den kleinen Garten.

Die Blattformen der Kreuzung *G. macrorrhizum* × *G. dalmaticum* = *G.× cantabrigiense*

Der Umfang, in dem Geranium im Winter ihr Blatt halten, hängt von ihrer geographischen Herkunft ab. Das Verbreitungsgebiet von *G. macrorrhizum* reicht von der Südseite der Alpen bis Bulgarien und Nordgriechenland. Je südlicher der Ursprung, desto mehr blatthaltend sind die Pflanzen. Die schönsten Formen kommen aus dem südlichen Teil: 'Album' aus dem Rhodope-Gebirge im Süden von Bulgarien und 'Ingwersen' aus dem südlichen Montenegro.

Auf sonnigen Plätzen lassen sie sich mit anderen, kräftig wachsenden Pflanzen kombinieren, z.B. mit der neuen, auch in großem Maßstab geeigneten *Aster ageratoides* 'Asran', 70 cm hoch und ebenfalls eine geschlossene Decke bildend. Die Blüten im Oktober sind lilarosa. So eine späte Blüte gibt wieder einen Impuls für eine andere, im Herbst bereits abbauende Bepflanzung. Andere kräftige Wachser für die Nachbarschaft sind *Waldsteinia geoides* mit gelben, erdbeerähnlichen Blüten und mit Blättern, die jederzeit gesund und hübsch sauber aussehen, *Symphytum grandiflorum* (syn. *S. ibericum*) mit gelbweißen, hängenden Röhrenblüten, ein ungestümer Wachser. In diese Reihe gehören auch allbekannte und nicht unterzukriegende *Hypericum calycinum* und *Epimedium* 'Frohnleiten' mit dem schönen lederartigen Blatt im Winter. In der vollen Sonne ist *Stachys byzantina* ein guter Begleiter. Und nochmal: Man sollte nie vergessen, auf ebenen Flächen mit Solitärs von kleinen Gehölzen oder aufrecht wachsenden Stauden abzuwechseln. Sonst wird die Sache echt langweilig und platt!

Beinahe ebenso vielseitig verwendbar ist *G.* × *oxonianum*, in so vielen Sorten erhältlich, daß praktisch für jeden Standort eine geeignete Sorte zu finden ist: von der alles überwachsenden 'Claridge Druce' für den natürlichen Teil des Gartens bis zu den kleinen 'Old Rose' und 'Winscombe' für ein Fleckchen vorn in der Rabatte. Nach Wuchskraft geordnet, läßt sich eine Aufstellung machen, die von Groß nach Klein so aussieht:

'Claridge Druce'
'Lady Moore'
'Hollywood'
'Summer Surprise'
'Thurstonianum'
'Sherwood'
'Wargrave Pink'
'Rebecca Moss'
'Phoebe Noble'
'Walter's Gift'
'Rose Clair'
'A.T. Johnson'
'Old Rose'
'Winscombe'
'Southcombe Double'

Anzahl Pflanzen je Quadratmeter: von 3 bei den größten bis minimal 9 bei den kleinsten.

Bei strengem Frost müssen die kleinbleibenden Sorten abgedeckt werden. 'Winscombe' bleibt in Westeuropa nie länger als zwei Jahre am Leben.

G. phaeum und *G. nodosum* sind keine Bodenbedecker in dem Sinn, daß sie sich durch kriechende Ausläufer oder Rhizome weiter ausbreiten, aber durch ihre starke Wuchskraft und die überschwengliche Samenvermehrung bilden sie doch auf Dauer geschlossene Decken von grünen Blättern auch an ungünstigen, dunklen Plätzen. Die Blüte ist kurz und unauffällig. Echt wintergrün ist keines von beiden.

G. phaeum ist robuster und mehr beblättert, *G. nodosum* ist kleiner und feiner. Die Nachbarpflanzen sollten gut passend ausgewählt werden. Die dunkelgrüne *Euphorbia amygdaloides* und *E. robbiae* zum Beispiel dürften neben *G. nodosum* besser zu ihrem Recht kommen als neben *G. phaeum*. Von *G. phaeum* nimmt man ungefähr 5 bis 7, von *G. nodosum* 9 bis 11 Pflanzen pro Quadratmeter.

Unter Blütensträuchern und Rosen können viele andere Geranium als Bodenbedecker gepflanzt werden, z.B. die violettblaue *G. clarkei* 'Kashmir Purple', *G. himalayense* und 'Johnson's Blue', die alle eine vergleichbare Wuchsform haben.

G. × magnificum kann gut auf einem sonnigen bis halbschattigen Platz stehen, wo es schnell eine in sich geschlossene Gruppe bildet, die keine anderen Pflanzen in der Nachbarschaft duldet.

An einer geschützten warmen Stelle kann *G. procurrens* sehr wirksam den Boden bedecken. Es wächst etwas zügellos und kann andere, weniger rasch wachsende Nachbarn ersticken. Da es von Natur aus wärmebedüftig ist, sagt ihm bei uns am besten das sogenannte Weinbauklima zu.

G. × magnificum

Geranium für trockenen Schatten

Das ist eine gar nicht seltene, aber problematische Situation! Viele Pflanzen vertragen einerseits Schatten bis tiefen Schatten und viele Pflanzen kommen andererseits auch gut gegen Trockenheit an. Aber die Kombination dieser beiden, der trockene Schatten, macht Schwierigkeiten. Oft wird man gefragt, was noch unter der großen Buche wachsen kann, die den halben Garten überschattet und die zu allem Unglück auch noch im Garten des Nachbarn steht, so daß nichts dagegen getan werden kann. Dieser Baum, der ebenso gut eine Birke, eine Kastanie, ein großer Ahorn oder eine altersschwache Konifere sein kann, bildet ein undurchdringliches und unbearbeitbares Wurzelwerk, über und zwischen dem einfach nichts mehr wachsen will, auch kein Geranium. Dicht am Stamm ist es völlig trocken, da ist nichts möglich; man könnte einen Efeu versuchen, der in reichlichem Abstand zum Stamm gepflanzt wird und dann mit ein wenig Nachhilfe in Richtung Dunkelheit wachsen könnte. Abgesehen von der Dunkelheit gibt es da oft noch das Problem der Bodenqualität, die meist miserabel ist. Auch unter alten Rhododendren, trübseligen, dunkelgrün bleibenden „triefenden“ Gehölzen (mit einem sehr kurzen Höhepunkt im Mai) will fast nichts wachsen und man muß mit dem Wenigen zufrieden sein, das da noch mitmacht – „Count your blessings“.

Die Liste der Pflanzen, die im finsteren Schatten leben und überleben können, ist kurz, auch nach einer notdürftigen Bodenverbesserung: Zwiebel- und Knollengewächse mit kurzem Vegetationszyklus im zeitigen Frühjahr, wenn noch kein Blatt an den Bäumen sitzt, z.B. *Anemone nemorosa*, das Buschwindröschen, *Anemone blanda* in vielen Farbvarianten oder *Arum maculatum*, der Aronstab, der Jahre braucht, um an einem solchen Standort fest zu siedeln. Auch *Convallaria majalis*, das Maiglöckchen, das sich ausbreitet, wenn es da zufrieden ist, *Corydalis solida*, ein Lerchensporn aus Südeuropa und Kleinasien, verschiedene *Chionodoxa* und *Eranthis hyemalis*, der Winterling, sind geeignet; und von den Pflanzen ohne Zwiebeln oder Knollen *Lamium maculatum*, die Taubnessel, *Lamiastrum galeobdolon*, die Goldnessel,

Schatten und Halbschatten

1 Helleborus foetidus
2 Smilacina racemosa
3 Helleborus orientalis
4 Hosta sieboldiana 'Elegans'
5 Helleborus argutifolius
6 Arum italicum 'Pictum' (ziemlich willkürlich gepflanzt)
7 Iris foetidissima
8 Polygonatum 'Weihenstephan'
9 Hamamelis mollis 'Pallida'
10 Asplenium scolopendrium
11 Heuchera 'Greenfinch'
12 Omphalodes verna
13 Campanula latifolia 'Alba'
14 Liriope muscari
15 Pulmonaria 'Blue Ensign' oder evtl. andere in Dunkelblau
16 Tiarella 'Tigerstripe'
17 Geranium phaeum 'Samobor'
18 Pachyphragma macrophylla
19 Viola labradorica
20 Brunnera macrophylla
21 Epimedium grandiflorum 'Lilafee'
22 Geranium x cantabrigiense 'Biokovo'
23 Tellima grandiflora 'Purpurea'
24 Pulmonaria 'Sissinghurst White'
25 Euphorbia robbiae
26 Vinca minor, gemischt mit Anemone canadensis
27 Euphorbia robbiae
28 Waldsteinia geoides
29 Geranium macrorrhizum 'Spessart' oder 'Album'
30 Geum rivale 'Leonard's Variety'
31 Viola sororia 'Freckles'
32 Geranium x cantabrigiense 'Biokovo'
33 Aster divaricatus
34 Lamium orvala
35 Trachystemon orientale
36 Geranium phaeum 'Lily Lovell' oder G. aristatum
37 Epimedium grandiflorum 'Lilafee'
38 Trillium grandiflorum
39 Lathyrus vernus 'Alboroseus'
40 Epimedium x cantabrigiense
41 Pulmonaria longifolia 'E.B. Anderson'
42 Dryopteris atrata oder D. felix-mas
43 Geranium nodosum
44 Geum rivale 'Leonard's Variety'
45 Euphorbia amygdaloides
46 Hedera helix in einer nicht stark wuchernden Form
47 Geranium macrorrhizum 'Bevan's Variety'
48 Kirengeshoma palmata
49 Digitalis lutea
50 Aster ageratoides 'Asran'
51 Tiarella 'Tigerstripe'
52 Geranium gracile
53 Lamium orvala 'Album'
54 Campanula latiloba
55 Geranium phaeum 'Album'
56 Omphalodes verna
57 Tanacetum macrophyllum
58 Matteucia struthiopteris
59 Alchemilla mollis
60 Brunnera macrophylla
61 Symphytum ibericum

Baum (im Nachbargarten)
Eiche (im Nachbargarten)
alte Rhododendron
und Sträucher
Eiche
Sorbus
(wenig Schatten)
M 1 : 100

aber auch einige Farne wie *Dryopteris filix-mas*, der Wurmfarn, in vielen Sorten.

Etwas Besonderes sind Wildcyclamen, *Cyclamen hederifolium* in Rosa und Weiß, oder die zugehörigen Sorten 'Rosenteppich' und 'Perlenteppich' in Kombination mit den schönen, wintergrünen *Euphorbia robbiae* und *Waldsteinia geoides*, die letzten zwei, wenn es nicht gerade stockdunkel ist. Wie man sieht, eine dürftige Bepflanzung mit einer kurzen Blütenerscheinung im Frühjahr.

Aus der kleinen Aufzählung ist zugleich ersichtlich, daß für den tiefen, knochentrockenen Schatten Geranium nicht in Frage kommen, sie brauchen wenigstens ein bißchen Helligkeit. Trokkenheit dagegen ist für einige Geranium-Arten kein Problem.

Gibt es etwas mehr Licht, dann haben wir grundsätzlich mehr Möglichkeiten, und auch die ersten Geranium bieten sich an. Mit Sicherheit nach einer gründlichen Bodenverbesserung sind verschiedene brauchbar, ja sogar welche, die sich gerade auf diesen schwierigen Plätzen zu Hause fühlen und jahrelang mit einem Minimum an Pflege dort bleiben können.

An erster Stelle kommt wieder das unvermeidliche, universelle und allerzäheste *G. macrorrhizum*, das in allerlei Blütenfarben und Formen zu bekommen ist. Es ist als großflächig alles unterdrükkender Bodenbedecker sehr geeignet, obwohl der Giersch (*Aegopodium podagraria*) sich nicht so leicht schlagen läßt. Dieses Geranium bildet auf Dauer große, sich durch unterirdische Rhizome rasch ausbreitende Stauden von frischgrünen, klebrig behaarten Blättern, die angenehm duften. Die Höhe ist vom Standplatz und von der gewählten Sorte abhängig und erreicht maximal etwa 40 cm. Darüber hinaus reichen dann noch die Stengel mit weißen, rosa oder rotrosa Blüten.

G. macrorrhizum wird wohl in Bulgarien vereinzelt noch für die Erzeugung aromatischer Öle angebaut, die man aus den Blättern gewinnt. Dieses Öl, ein Ersatz für Rosenöl, stammt heute meistens aus Pelargonien, *Pelargonium capitatum* und *P. graveolens*.

G. macrorrhizum ist je nach Sorte mehr oder weniger wintergrün, aber bevor es soweit ist, färbt sich das Blatt im Herbst in angenehmen Farben schön warmorange und rot und fällt dann teilweise ab. Im Winter sitzt noch viel Blatt daran, so daß man im Frühjahr nur die dazwischen gewehten Blätter entfernen muß, das ist alles. Erst nach einigen Jahren, wenn die Pflanzen sehr groß geworden sind, fallen sie auseinander; dann werden die kahlen Stämmchen unter den Blättern sichtbar, und der Effekt von der schön geschlossenen Decke ist dahin. In diesem Fall müssen nach der Blüte alle alten und kahlen Stengel sorgfältig abgeschnitten werden. Die Wurzelstöcke treiben dann rasch wieder frischgrün aus. Im Öffentlichen Grün wird das mit einem Motormäher gemacht, und das sagt eine Menge über die Unverwüstlichkeit von *G. macrorrhizum*! Die flachen, runden Blüten erscheinen von Ende April bis Ende Mai, es gibt kaum eine Nachblüte.

Auswahl ist genug da, zunächst einmal die weiße 'Album' mit ihrer Auslese 'Spessart', bei der die Blütenblätter einander überlappen. Beide machen durch ihren roten Kelch aus der Ferne einen rosigen Eindruck. Ferner ist da 'Ingwersen', niedriger und mit hellrosa Blüten, sowie mit besonders schönen Herbstfarben 'Bevan's Variety', kräftig von Wuchs und mit weit über das Blatt hervorragenden, tief rotrosa Blüten, sowie die scheinbar noch etwas intensiver gefärbte 'Czakor'. Es gibt auch buntblättrige Formen, sie sind nur etwas schwieriger einzupassen und sicher nicht für große Flächen verwendbar!

G. macrorrhizum 'De Bilt' (oben links), *G. macrorrhizum* 'Bevan's Variety' und *G. macrorrhizum* 'Album' (oben rechts), *G. macrorrhizum* 'Spessart' (unten)

Ist weniger Platz vorhanden, kommen die kleinen *G. macrorrhizum*-Sorten in Betracht: die blaßrosa 'Lohfelden' und die rotvioletten 'Pindus' und 'Velebit'.

Müssen die Pflanzen noch niedriger bleiben oder ist nur ein ganz kleines Plätzchen verfügbar, dann sollte man die Kreuzung zwischen *G. macrorrhizum* und *G. dalmaticum* nehmen: *G.* × *cantabrigiense*, grünbleibend und nicht höher als 20 cm. Bekannte Sorten davon sind die weißen 'Biokovo' und 'St. Ola' sowie die purpurrosa 'Karmina'.

Gute Nachbarn für *G. macrorrhizum* sind andere frühe Blüher wie Akelei in allerlei fröhlichen Farben, die düstergrüne, aber architektonisch starke *Euphorbia amygdaloides*, aber nicht ihre rotblättrige Form 'Rubra', die im Schatten grün wird. *Lamium orvala* und *L. garganica* dürfen es sein, *Digitalis lutea* und nicht zu vergessen Farne. Wuchern können *Anemone canadensis* mit ihren schönen weißen Blütenschälchen und in geringerem Maße *Aster divaricatus* und *A. macrophyllus*. Ziemlich wild sind *Symphytum ibericum* in Gelbweiß und das azurblaue *S. azureum*, eine unglaubliche Farbe. Starkwachsend sind *Tellima grandiflora* ' Purpurea' und *Tiarella cordifolia*. *Euphorbia cyparissias* kann in der Wuchskraft mit *G. macrorrhizum* konkurrieren, ihre im Frühjahr braunrotblättrige Sorte 'Fens Ruby' kann es nicht. Mit den kleineren *G.* × *cantabrigiense* sollte man *Omphalodes verna*, auch in der seltenen weißen Form, und die großblütige *O. verna* 'Grandiflora' pflanzen. Auch *Convallaria majalis* kann dabei sein, aber dann allein in der Sorte 'Rosea' mit kleinen rosa Blüten und die kuriose, gefüllt blühende 'Prolificans'. *Viola sororia*, die einige helle Auslesen hervorgebracht hat, ist ebenfalls eine gute Nachbarin. Diese Auslesen sind u.a. 'Albiflora', weiß, 'Freckles', milchigblau mit blauen Spritzern, und 'Priceana', das „Confederate Violet", weiß mit einem graublauen Herzchen. Die *Viola riviniana*-Purpurea-Gruppe sät sich lustig in der Nachbarschaft aus. Probieren sollte man auch die grasartigen *Liriope*, die schwarzblättrige *Ophiopogon planiscapus* 'Nigrescens' und kräftige *Pulmonaria* wie *P. azurea* 'Munstead Blue', *P. mollis* und *P. rubra*; 'Blue Ensign' ist blauer als blau. Zierliche *Epimedium* (Elfenblumen) vervollständigen das Bild; dafür sollte man die Arten aus dem Mittelmeergebiet nehmen, die viel Trockenheit ertragen, wie *E.* × *versicolor* 'Sulphureum' und *E.* × *cantabrigiense*.

Nicht so trockenresistent ist *G. nodosum*, eine relativ kleine Art, etwa 30 cm hoch mit charakteristischen, glänzendgrünen Blättern an dünnen, jedoch festen Stielen. Die kleinen, trichterförmigen Blüten sind lilarosa mit dunkleren Äderchen. Die Art samt gerne aus, obschon sie nie richtig lästig wird. Sie ist ein anspruchsloses, halbwintergrünes Geranium, das überall gut wächst und in ein paar Sorten erhältlich ist (siehe Beschreibung der Arten).

G. gracile sieht ihm sehr ähnlich, ist aber viel größer, bis 60 cm hoch, mit runzeligen, hellgrünen Blättern und hellrosa Blüten, die stark geadert sind. Eine schöne Art, leider weniger trockenheitsbeständig als *G. nodosum*.

Beide Arten können mit denselben Pflanzen kombiniert werden wie *G.* × *cantabrigiense*.

Wenn man die ärgste Trockenheit und den tiefsten Schatten hinter sich läßt, dann kommen immer mehr Arten in Betracht. Für einen Platz in wilderen Naturgärten kommt man an *G. phaeum* nicht vorbei, dem Braunen Storchschnabel oder der „Trauernden Witwe", der dunklen, braunroten Blüten wegen so genannt. Die Art bildet stabile, sich ständig ausbreitende Stauden mit wenig tief

eingeschnittenem Blatt, das an der Basis von jedem Einschnitt einen dunklen Fleck hat. An den 60 cm langen Stengeln entwickeln sich im Frühjahr die runden und flachen Blüten, klein und dunkel. Sie bilden überreichlich viel Samen, die alle keimen. Dadurch kann die Pflanze an Stellen, wo sie unerwünscht ist, zur Plage werden. Ihre Sorten sind weniger aufdringlich: die weiße 'Album', schön, um eine dunklere Ecke damit aufzuhellen, 'Samobor', das Geranium mit dem allerschönsten Blatt, 'Lily Lovell' mit großen mauveblauen Blüten. Das Sortiment enthält noch viele mehr.

Sehr ähnlich sieht auch *G. × monacense* aus, früher zu Unrecht *G. punctatum* genannt. Das ist eine Gartenhybride zwischen *G. phaeum* und *G. reflexum*. Die Blüten sind etwas anders, haben ein weißes Herz, das von einem dunkleren Ring umgeben ist, und zurückgeschlagene Blütenblättchen. Die Ansprüche, die an den Standort gestellt werden, sind wie die von *G. phaeum*. Das aus Südeuropa stammende *G. reflexum* paßt übrigens auch

G.× cantabrigiense
'Cambridge'

gut dazu. Es ist kleinblütig mit sehr stark zurückgeschlagenen Blütenblättchen wie die von einem Cyclamen. *G. aristatum* hat ebenso geformte Blütenblättchen, bei dieser Art weiß mit dicken, violetten Adern.

Für die Kombination mit anderen Pflanzen sollten es Arten sein, die ähnlichen Charakter haben: wildhaft und etwas informal, wie z.B. *Digitalis*-Arten, grünblättrige *Hosta*, *Phyllitis scolopendrium* (Hirschzungenfarn), von dem gut 15 verschiedene Formen bekannt sind, das Porzellanblümchen, *Saxifraga umbrosa*, wenn es gefällt, und, wenn noch etwas mehr Licht vorhanden ist, auch *Pulmonaria*, das Lungenkraut, von dem es gegenwärtig so viele gibt, daß in England eine Vereinigung dafür gegründet wurde. *Campanula latifolia* in Blau und Weiß, die gelbe *Corydalis lutea*, *Brunnera* mit ihren großen Blättern abwechselnd mit den grünen Irisblättern von *Iris foetidissima*, wintergrün und mit Beeren (Samen), die orange, weiß oder ambergelb sein können. Das alles paßt dazu. *Arum italicum* 'Pictum', *Polygonatum*, die Salomonssiegel-Arten, und bodenbedeckende *Vinca* vollenden das Bild. Wo es noch „wilder" werden darf, können verschiedene schattenvertragende Astern gepflanzt werden wie *Aster divaricatus*, *A. macrophyllus* und *Aster* 'Asran' sowie die wuchernden *Symphytum*, Beinwell.

Aufpassen muß man bei *G.* × *oxonianum* in der berüchtigten starkwüchsigen Form 'Claridge Druce', die ohne Skrupel alle ihr in den Weg kommenden kleinen Pflanzen verschlingt, in niedrige Sträucher klettert und subtile Schattenpflanzungen in kurzer Zeit verdrängen kann. Sie wird sicher 60 cm hoch und viel breiter. Die Blüten sind dunkel geadert rotrosa. Etwas weniger aggressiv sind 'Hollywood', hellrosa, und 'Lady Moore', dunkler rosa. Man sollte sie mit anderen starken Wachsern wie bestimmten *Polygonum* (*Persicaria*) kombinieren. Ungeachtet der Vorsicht, die man bei Kombinationen walten lassen muß, ist diese 'Claridge Druce' für sich eine gut geeignete Pflanze für einen Platz, wo etwas anderes nicht wachsen will.

Die beiden Eltern von *G.* × *oxonianum* sind *G. endressii* und *G. versicolor*. Die erstgenannte ist kaum echt im Handel, *G. versicolor* wohl, aber sie ist selten. Davon abgesehen ist *G. versicolor*, eine beinahe rund um das Jahr grünbleibende Art, im trockenen Schatten brauchbar, wo sie sich durch Aussamen langsam ausbreitet. Die Blüten sind fast weiß mit einer filigranfeinen Aderung in Violettrot, so zart, daß sie in England den Beinamen „Queen Anne's Needlework" bekommen hat. Die Wuchskraft erreicht nicht die der bereits früher genannten *G.* × *oxonianum*-Sorten.

Zum Schluß noch ein paar ziemlich unbekannte Arten für den trockenen Schatten, die man ausprobieren kann: *G. nervosum* aus Nordamerika, mit rotrosa, flach ausgebreiteten Blüten, ungefähr 40 cm hoch, und *G. collinum* aus Osteuropa und Asien, eine lockere Pflanze mit rosa Blüten.

Im Gegensatz zu dem, was oft geglaubt wird, ist *G. sylvaticum*, das Geranium „aus dem Wald" wohl für Schatten geeignet, aber nicht für trockenen Boden, und darum gehört es nicht in dieses Kapitel.

Geranium für trockene und sonnige Plätze

In jedem Garten sind voll der Sonne ausgesetzte Stellen bekannt, wo nichts wachsen will, weil es dort so extrem trocken ist: unter einem überstehenden Dach, am Boden der Südseite einer Mauer oder zu Füßen eines durstigen

Baumes oder eines alten Nadelbaumes. Da wächst einfach nichts recht, wenn man nicht ab und zu extra Wasser gibt. Wie anspruchslos und zäh Geranium auch immer sein mögen, das schaffen sie ohne gewisse Nachhilfe auch nicht. Man muß schon etwas für die Bodenverbesserung tun und ab und zu Wasser geben, um die Stellen nicht durch und durch staubtrocken werden zu lassen.

Da liegen dann Möglichkeiten für eine besondere Gruppe Geranium, die allesamt verdickte Wurzelstöcke oder Knollen haben, mit denen sie trockene Sommer überleben können. Dazu gehen sie nach der Blüte im Juni in Sommerruhe. Die Blätter sterben ab und es ist nichts mehr zu sehen. Diese Arten stammen aus mediterranem Gebiet, wo sie im Frühjahr viel Feuchtigkeit bekommen, rasch blühen und bei Anbruch der regenlosen Zeit, Ende Mai-Anfang Juni, absterben und mit ihren unterirdischen Organen die trockene Zeit überdauern. Die Unterschiede zwischen diesen Arten sind nicht so sehr groß, aber ganz gut auseinanderzuhalten zu der Zeit, in der sie austreiben und blühen, im Herbst oder im Frühjahr.

Bei *G. tuberosum*, das aus dem östlichen Mittelmeergebiet stammt, kommen die Blätter erst im zeitigen Frühjahr, nach einer langen Ruheperiode, wieder hervor, und die Blüten folgen im Mai. Diese Blüten an aufrecht stehenden Stielchen sind ziemlich klein, rosig-rotviolett, dunkel geadert und mit gleichsam eingeknipsten Blütenblättchen. Die Blätter sind tief eingeschnitten und fein gefiedert. Nach der Blüte stirbt die ganze Pflanze ab. Sie wird an einem trockenen Platz vorn in der Rabatte eingesetzt, aber besser nicht im Steingarten, weil die kleinen Knollen wuchern können.

Viel schwieriger zu bekommen ist *G. macrostylum*, aber warum sollte man? Die morphologischen Unterschiede zu *G. tuberosum* sind nicht so markant, daß man außer als Sammler daran interessiert sein müßte. Bei G. *macrostylum* kommen die Blätter im Herbst wieder zum Vorschein, sie bleiben im Winter grün und sterben dann nach der Blüte ab. Die Art ist in jeder Hinsicht kleiner und scheint in Gebieten mit milden Wintern durch die reiche Produktion von Knöllchen die Pest werden zu können. Man sollte sie daher nicht in Steingärten oder in eine Sammlung sehr pflegebedürftiger kleiner Pflanzen einsetzen!

Ebenfalls klein ist *G. pylzovianum* aus Westchina, mit kleinen rosigen Blümchen. Fast unbekannt und so wenig kultiviert, daß wir hier nicht weiter darauf eingehen müssen.

G. polyanthes aus dem Himalaya, mit leuchtend rosa Blüten, lebt zu kurz, um interessant zu sein.

G. macrostylum

Die schönste ist aber *G. malviflorum*, die aus Südspanien und Nordafrika stammt, irrtümlich als *G. atlanticum* im Handel. Ihre Blätter sind dunkelgrün, größer als die der anderen knollenbildenden Arten, und tief eingeschnitten, aber nicht fein gefiedert. Auch sind die Blütenstiele länger, etwa 40 cm, und die Blüten relativ groß, violettblau, prächtig dunkel geadert. Das schöne Schauspiel dauert aber nicht lange, Ende April sind sie bereits verblüht. Das Blatt stirbt auch bei dieser Art nach der Blüte ab. Bei den aus Südspanien stammenden Pflanzen erscheinen die Blätter im zeitigen Frühjahr und bei den aus Nordafrika im Herbst.

Der richtige Platz für *G. malviflorum* ist oben auf einer kleinen Mauer oder vorn in der Rabatte, wo es immer relativ trokken und sonnig ist. Das zarte Blatt bleibt den ganzen Winter hindurch schön, wie das Wetter auch sein mag, und mit Beginn der wärmeren Witterung treiben sie rasch zu Stauden mit feinem, grünen Blatt aus. Das Überraschende an diesem Geranium ist immer wieder die frühe Blüte in einer Zeit, in der vorwiegend weiß- und gelbblühende Steingartenpflanzen die Frühjahrsblüher stellen.

G. malviflorum steht schön zusammen mit den kleinen, gelbgrün blühenden *Alchemilla* wie *A. conjuncta*, mit *Euphorbia* wie der graublättrigen *E. myrsinites*, einem ganz besonderen Trockenheitskünstler, und der bereits früher erwähnten neuen *E. cyparissias* 'Fens Ruby', deren rotes, nadelförmiges Blatt im Frühjahr mit dem Blau und Gelbgrün kontrastiert, oder *E. seguieriana* subsp. *niciciana* mit ihren zierlichen Stielen. Eine beinahe allzu bekannte Nachbarpflanze ist das Steinkraut *Aurinia saxatilis*, dann aber hier eher in der schwefelgelben Version 'Sulphurea' oder gewagter die verschwommen orangefarbene 'Dudley Neville' oder auch kleine *Achillea* wie *A. tomentosa*, die im Zaum gehalten werden müssen. Wertvoll ist die fein graublättrige Kamille, *Anthemis punctata* subsp. *cupaniana*, mit weißen, margerite-artigen Blüten von Mai bis weit in den Herbst und noch blühend, wenn das Geranium bereits abgestorben ist. Diese breit auswachsende, wintergrüne Trockenheitspflanze bedeckt im Laufe des Sommers einen Teil der kahlen Stelle, an der das Geranium sich nach der Blüte zeitweilig zurückgezogen hat. Graublättrig sind auch die kleinen *Artemisia*, *A. schmidtiana* 'Nana' zum Beispiel mit drahtfeinem Blatt. Einen warmen Platz daneben mag auch das graue *Helichrysum angustifolium*, das so lecker nach Curry riecht.

Es gibt Auswahl genug! Man sollte beachten, daß die knollenbildenden Geranium meistens im Blumenzwiebelhandel erhältlich sind und weniger bei den Staudengärtnereien.

Es gibt noch ein paar Exoten, Arten, die nur selten oder gar nicht zu bekommen sind und die ebenfalls nach der Blüte absterben und den Sommer unter der Erde überleben: *G. libani* aus dem Libanon, bei dem das Blatt im Herbst wieder erscheint, mit violettblauen Blüten im Frühjahr blühend. Dieses Geranium hat keine Knollen, aber einen verdickten Wurzelstock. Wenig verschieden, aber höher, ungefähr 60 cm, ist *G. peloponnesiacum* aus Griechenland.

Die Lücken, die durch die knollenbildenden Arten nach der Blüte hinterlassen werden, können auch mit anderen Geranium ausgefüllt werden, wenn der Boden dort nicht zu erbärmlich ist. In einem milderen Klima kann man das aus Neuseeland stammende *G. traversii* var. *elegans* pflanzen, mit graugrünen Blättchen und hellrosa Blüten, doch zwei von drei Wintern wird es bei uns kaum überleben. Ein klein wenig härter sind die von ihm abstammenden Sorten 'Mavis Simpson', blaßrosa, und die magentarote 'Russell Prichard'. Extra Blattfarbe geben 'Sea Fire', 'Sea Pink' und 'Sea Spray', Sorten mit bronzeartigen Blättern. 'Black Ice' hat sehr dunkelbronzefarbene Blätter. Sie bilden allesamt ziemlich flache Stauden und den ganzen Sommer hindurch kleine weiße oder hellrosa Blüten. Die Winterhärte läßt auch hier zu wünschen übrig.

Auf Plätzen, wo der Boden etwas weniger trocken und in der Qualität etwas besser ist, werden nicht selten einige alte Bekannte angetroffen: das violettblaue *G.* × *magnificum*, das viel verträgt, ebenso die universellen *G. macrorrhizum* und *G.* × *oxonianum*, in jeder gewünschten Variation lieferbar. Auch die kleinen *G. asphodeloides* und *G. sanguineum* können da ruhig angepflanzt werden.

G. cinereum var. *subcaulescens*

Geranium für Steingärten: erhöhte Beete und Tröge

Steingärten werden im flachen Land glücklicherweise nur noch selten angelegt. Oft sind das dann scheußliche, stilwidrige Steinhaufen, die ohne jede Kenntnis der Sache angelegt wurden und auf denen keine anständige Pflanze richtig wächst und zur Geltung kommt. Zugegeben, es ist gar nicht so einfach, einen guten Steingarten fachgerecht anzulegen, in dem die Pflanzen sich zu Hause fühlen und so aussehen, daß alles stimmt und echt wirkt.

Erhöhtes Beet

Aus den altmodischen Steingärten ist das erhöhte Beet entstanden, das viel einfacher anzulegen und zu unterhalten ist. An einem sonnigen Platz, das ist wesentlich, kann solch ein Beet gebaut werden, am besten an einem nach Süden geneigten Hang. Aber es sind nicht allzu Viele, die entsprechend ideale Voraussetzungen oder eine geeignete kleine Mauer in ihrem Garten haben.

Das erhöhte Beet wird mit einem sehr durchlässigen Bodengemisch aufgeschichtet und mit einer Lage feinem Kies abgedeckt. Im ersten Ansatz provisorisch, dann jedoch nach reiflicher Überlegung, werden mehr oder weniger verstreut ein paar nicht zu kleine Natursteine teilweise so eingesetzt, daß sie erhöht liegen und nicht etwa eine plane Fläche entsteht. Die Wahl des Kieses ist wichtig. Das Beet soll Teil des Gartens werden, kein Kiesweg oder Kiesplatz. Es gibt genügend Kiesarten, unter denen man wählen kann. Ein erhöhtes Beet ist eine arbeitsintensive Angelegenheit. Das beginnt bei der Anlage und setzt sich fort bei der Pflege, sonst verwandelt es sich binnen eines

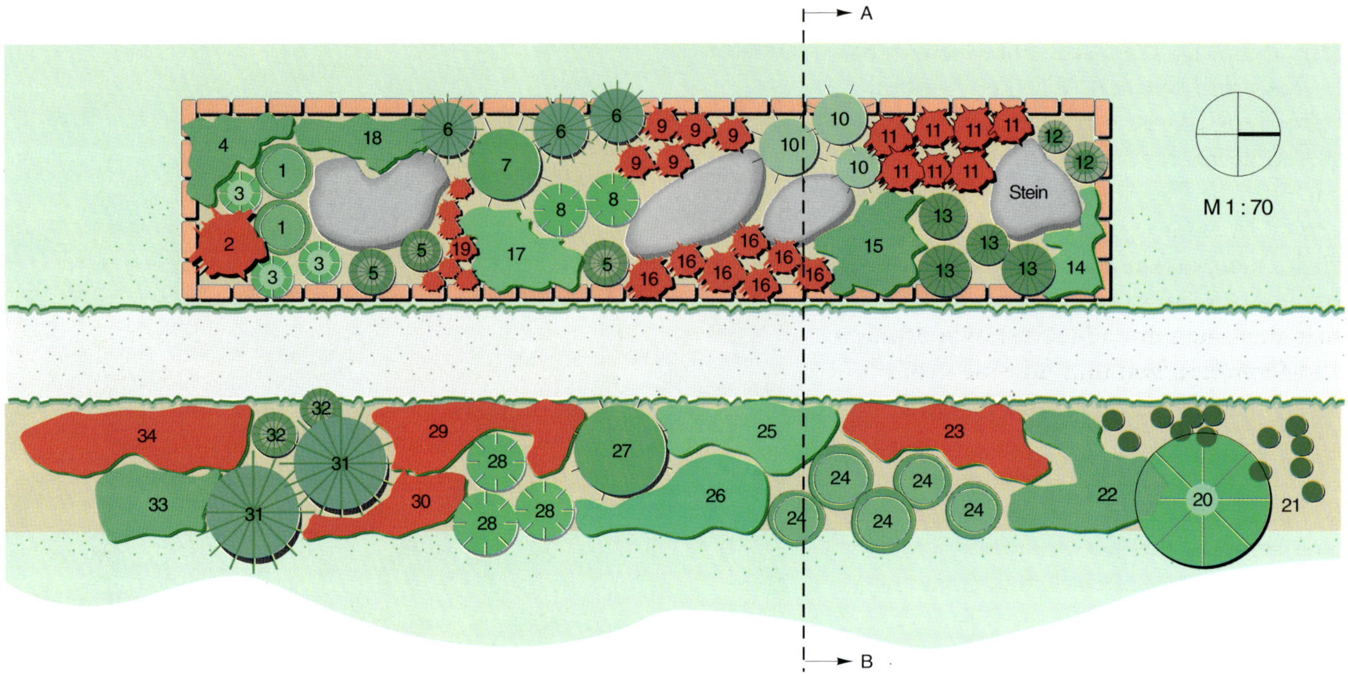

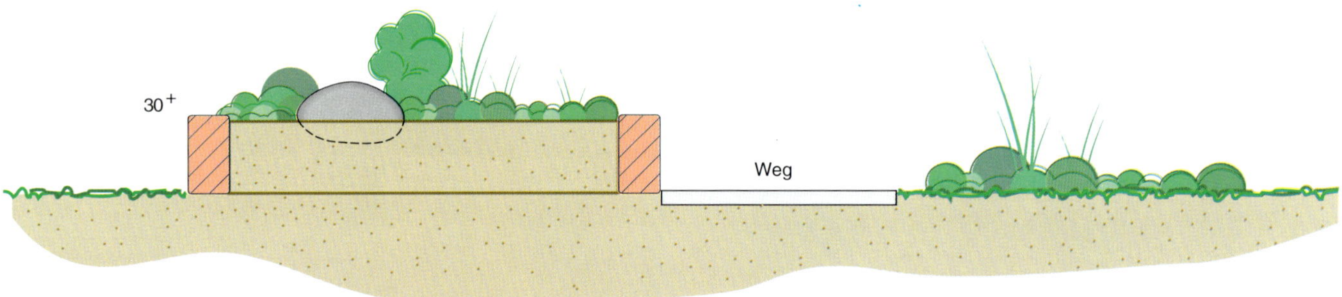

Schnitt A - B
M 1 : 30

Erhöhtes Beet

A

1 Helichrysum angustifolium
2 Geranium 'Mavis Simpson'
3 Tanacetum haradjanii
4 Iris pumila-Hybride, blau-blauviolett
5 Artemisia canescens
6 Helianthemum-Hybride, hellrosa oder weiß, graulaubig
7 Ballota pseudodictamnus
8 Ruta graveolens 'Jackman's Blue'
9 Geranium dalmaticum
10 Centaurea simplicaulis
11 Geranium cinereum var. subcaulescens
12 Artemisia schmidtiana 'Nana'
13 Dianthus-Hybride, graublaues oder graugrünes Blatt
14 Ophiopogon planiscapus 'Nigrescens'
15 Sedum 'Vera Jameson'
16 Geranium cinereum 'Ballerina'
17 Thymus serpyllum 'Pink Chintz'
18 Origanum laevigatum
19 Geranium malviflorum

B

20 Stipa pulcherrima
21 Euphorbia 'Fens Ruby' + Geranium tuberosum
22 Diascia 'Lilac Mist'
23 Geranium renardii
24 Lavandula 'Hidcote'
25 Origanum 'Rotkugel'
26 Centaurea pulcherrima
27 Salvia officinalis 'Berggarten'
28 Santolina 'E.A. Bowles'
29 Geranium sanguineum var. striatum
30 Geranium 'Chantilly'
31 Perovskia 'Blue Spire'
32 Euphorbia myrsinites
33 Sedum 'Ruby Glow'
34 Geranium 'Philippe Vapelle'

Jahres in eine Versammlung von Unkräutern, denn die Wachstumsbedingungen im Kies sind optimal. Warmer Kopf und kalter Fuß, das ist nicht nur für die Steingartenpflanzen günstig, sondern z.B. auch für das Einjährige Rispengras, *Poa annua*. In einem erhöhten Beet ist Platz für kleine, trockenheitsfeste Sträucher, für Zwiebelgewächse (aber absolut nicht für sich stark aussamende Arten wie *Muscari* und *Ornithogalum*) und für eine große Anzahl trockenheitsliebender Stauden, darunter Geranium.

Das „Rückgrat“ eines solchen Steingartenbeets sollten ein oder mehrere Sträucher sein, die viel Trockenheit vertragen können, wie *Perovskia*-Arten, *Cistus* in den winterhärtesten Formen, *Ballota pseudodictamnus*, die kuriose *Caragana jubata* oder niedrige *Genista*, *Indigofera*, *Ulex* usw. Sodann werden die größeren Stauden gepflanzt: *Artemisia*, *Erysimum* 'Bowles Mauve', lilaviolett, und die hellgelbe 'Moonlight', *Eryngium* mit dem exotischen *E. agavifolium* aus Südamerika. Auch sollten die unentbehrlichen *Euphorbia* nicht vergessen werden, als Solitärs stark in der Form und wintergrün, aber nicht immer winterhart, *Helichrysum*, *Iris* für den vertikalen Akzent, ebenso *Kniphofia*, wenn es warm genug dafür ist. Lavendelarten geben Duft im Sommer, ebenso wie *Nepeta*. *Penstemon* machen farbige Büschel im Sommer und *Ruta graveolens* 'Jackman's Blue' liefert Kugeln von blaugrauem Blatt. *Santolina* müssen dazu, und was ist ein Garten ohne *Sedum?* Vertikal wachsend en miniature ist *Sisyrinchium striatum* und ebenfalls aufrecht die kleineren *Verbascum*. Ein schönes Büschel Gras, ein *Stipa* beispielsweise, vervollständigt das Ganze.

An die Ränder kommen dann die niedrigen Rasen- und Posterbildner und andere Steingartenpflanzen. Nicht zuletzt gehören natürlich Geranium dazu, die sich draußen auch den Winter über gut zu helfen wissen, ohne daß man sie wie Kübelpflanzen behandeln muß; etwas empfindlichere Arten werden im Winter mit einer Glasscheibe geschützt, vor allem um Nässe abzuhalten.

G.×magnificum mit *Lysimachia punctata*

Ein geeignetes Geranium ist *G. cinereum* 'Ballerina' mit graugrünen Blättchen in Rosetten und mit dicht und dick dunkelrot geaderten, matt lilarosa Blüten mit einem violettroten Herz. Sein kleiner Bruder 'Lawrence Flatman' wirkt etwas tiefer in der Farbe, weil jedes Blütenblatt in der Mitte einen dunkleren Fleck hat. Wenn man nicht beide unmittelbar vor sich hat, sind sie schwer zu unterscheiden.

Eine Kombination mit niedrigen, langsam wachsenden *Euphorbia* liegt auf der

Hand, ebenfalls die mit niedrigen, dunkelblättrigen *Sedum* und mit dem schwarzen *Ophiopogon*, aber auch mit kleinen *Artemisia* und mit *Dianthus*, den Nelken. Winterschutz ist nicht erforderlich, sofern der Regen nur rasch ablaufen kann. Brandneu ist die 1996 in England auf den Markt gekommene *G. cinereum* 'Gillian Perrin', rosa mit einem roten Herz.

Deutlich heller in der Farbe ist *G. cinereum* var. *subcaulescens* mit kleinen, grünen Blättchen und mit unglaublich magentaroten Blüten mit einem schwarzen Herz, so leuchtend wie *G. psilostemon*, und das zusammengeballt auf einer kleinen Pflanze. *G. cinereum* var. *subcaulescens* 'Giuseppii' hat ein etwas weniger heißes Magentarot, und das Herz der Blüte ist schwächer schwarz gezeichnet. Nachbarpflanzen sollten diese Farbenpracht entweder unterstützen oder dämpfen. Für den zweiten Fall bieten sich graublättrige Pflanzen an. Rot dazu sollte vermieden werden, weil es den Farbeffekt fast immer aufdringlich stört.

Die im vorigen Kapitel besprochenen Geranium mit Knollen wachsen gut in einem erhöhten Beet, sofern das z. T. ungezügelte Wuchern der Knollen nicht hinderlich ist; man muß dies in Grenzen halten! *G. tuberosum* ist in dieser Hinsicht berüchtigt.

Sehr passend ist *G. renardii*, ein alter Bekannter, der schon in der normalen Rabatte sehr befriedigt, aber in der mageren Umgebung eines erhöhten Beetes noch viel kompakter wächst und reicher blüht. Auch Farbe und Struktur der Blätter von *G. renardii* entwickeln sich da deutlich besser.

Die ebenfalls schon gepriesene 'Mavis Simpson' und 'Russell Prichard' nehmen erheblich mehr Platz ein. Wo es möglich und warm genug ist, bilden sie große Stauden, die den ganzen Sommer blühen. Das gilt auch für die kleinere 'Little Gem', deren Winterhärte allerdings, wie gesagt, dubios ist.

Oben: *G. cinereum* var. *cinereum* am Naturstandort in den Pyrenäen

Linke Seite: *G. cinereum* 'Ballerina'

Auch 'Joy' mit ihren blaßrosa Blüten fühlt sich hier zu Hause. Soll es ein Geranium mit einer anderen Blattfarbe sein, dann ist *G. sessiliflorum* subsp. *novaezelandiae* 'Nigricans' richtig. Diese kurzlebige Pflanze bildet flache, dem Boden flach aufliegende Rosetten kleiner bronzebrauner Blättchen und kleine, weiße Blüten im Sommer. Dieses Geranium sät sich in Maßen aus, verschwindet aber nach ein paar aufeinanderfolgenden strengen Wintern meistens wieder. Die Wahl der Kiesart ist hier sehr wichtig. Bei einer verkehrten Wahl löst sich das Pflänzchen im Hintergrund auf und wird unsichtbar.

Trog

Für die echten Liebhaber, ob Mann oder Frau, gibt es nichts Schöneres, als ihre kleinen Pflanzen zu versorgen. Kein Zeit-

Oben: *G. cinereum* var. *subcaulescens* 'Splendens' mit *Veronica petraea*
Rechte Seite: *G. dalmaticum*

aufwand ist ihnen zu viel, nichts ist ihnen zu mühsam oder zu schwierig, und sie nehmen auch einen Verlust in Kauf. Für sie gibt es Geranium, die noch ein Stück heikler in der Kultur sind und die ohne besondere Maßnahmen den Winter nicht überleben würden. Oft sind sie so klein, daß man sie fast auf Augenhöhe stellen muß, um sie gut sehen und bewerten zu können. Ein alter Schweinetrog aus Sandstein mit genügend Löchern im Boden für die Entwässerung, gefüllt mit einer sehr durchlässigen Erdmischung und abgedeckt mit Kies, das ist so ein Platz, wo man ein paar von den kleinen Schätzen pflanzen und pflegen kann. Die echten Sandsteintröge sind heute fast nicht mehr zu kriegen. Aber man kann sich leicht selbst einen aus einer Mischung von Zement und gesiebtem Torfmull herstellen. Die praktische Anleitung dafür ist in Steingarten- und ähnlichen Büchern zu finden. Auch sogenannte Tischgärten oder Miniaturgärten kann man sich konstruieren.

Empfehlenswerte Liebhaber-Geranium für solche Zwecke und Ansprüche sind: *G. cinereum* var. *cinereum*, graugrün, tief eingeschnittenes Blatt in Rosetten, Blüten blaßrosa mit dunklerer Aderung, *G. cinereum* var. *subcaulescens* 'Splendens', das magentarosa Blüten hat, sowie *G. cinereum* var. *subcaulescens* mit einer Farbe zwischen *G. psilostemon* und 'Patricia'. Die weiße Form, *G. cinereum* var. *cinereum* 'Album', ist außergewähnlich selten. Durch Kreuzung von *G. cinereum* mit der noch schwierigeren *G. argenteum* wurde eine Reihe von Hybriden unter dem Namen *G.* × *lindavicum* gewonnen. Die einzige davon, die man noch antrifft, ist 'Apple Blossom', eine Schönheit mit einem sehr treffenden Namen, ganz zartrosa und ganz hell geadert. Kurzlebig und anspruchsvoll!

G. farreri aus Kansu (China) ist der Traum jedes Liebhabers. Diese Art in Perfektion zu ziehen, wie Reginald Farrer sie 1917 sah, ist nur wenigen gegeben. Sie bildet flache Matten mit ganz blaßrosa Blüten mit blauschwarzen Staubgefäßen darüber.

G. dalmaticum dagegen ist eine echte Steingartenpflanze, die ganz und gar nicht schwierig ist, die aber in einem Trog an kompaktesten und durchaus naturgetreu wächst. Dort, in dem rasch entwässernden Substrat bildet sie einen kleinen Teppich leuchtend grüner Blättchen mit einem roten Rand, behaglich an einen Stein gelehnt. Im Herbst verfärben sich die Blättchen fcuerrot und fallen ab. Manche sagen, daß die ineinander verflochtene Masse von Rhizomen und ver-

G. farreri mit *Cypripedium calceolus* var. *pubescens*

trockneten Blattstielen viel Ähnlichkeit mit einer alten Kokosmatte hat. Die flachen Blüten sind überraschend groß und muschelrosa, bei der seltenen Form 'Album' weiß; diese blüht weniger reich.

Geranium zum Verwildern in der Wiese und am Gehölzrand

Es wurde schon viel über das Verwilderinlassen von Stauden, auch von Geranium „im Gras" geschrieben. Gut und schön, hier wird nicht vom Gras im Sinne von Rasen, der flächigen Kultur von ständig kurz gehaltenen, besonders ausgewählten Gräsern, gesprochen. Darin hat im Idealfall außer diesen Gräsern keine andere, aus Samen auflaufende Pflanze eine Chance. Wir denken mehr an eine ursprüngliche Grasfläche z.B. in einem Obstgarten oder an einen grasbewachsenen Hang, wo es schwierig ist, regelmäßig zu mähen. Dort halten sich krautige Pflanzen in Konkurenz mit den Gräsern nur dann gut, wenn wie üblich nicht öfter als zweimal im Jahr gemäht wird, im Frühsommer und im Herbst, und das gemähte Gras abgefahren wird. Es wird meist ziemlich spät im Jahr gemäht, damit die Blütenpflanzen noch Samen bilden und sich aussäen können. Im Juli ist das bei *Geranium pratense* bereits geschehen. Für unsere Zwecke im Garten muß eine mit Geranium zu bepflanzende Wiese als naturnaher Standort auch entsprechend beschaffen sein. Chemische Unkrautbekämpfung und Stickstoffdüngung sind verwerflich, außerdem muß Abmagerung des Bodens angestrebt werden. Sollen ausdauernde Pflanzen wachsen und in einer Grasfläche verwildern, dann wird zunächst an allen gewünschten Stellen ein ordentliches Pflanzloch gemacht. Dazu werden im Frühjahr Soden von minimal 25 × 25 cm ausgestochen, der Boden mit Mist, Kompost oder dergleichen verbessert, die Pflanze eingesetzt, gut mit Erde angedrückt und mit viel Wasser versorgt. Um die gepflanzten Stauden wird anfangs regelmäßig gejätet, gehackt, um den Pflanzen einen guten Start zu geben. Nach späterem Mähen zum richtigen Zeitpunkt werden sich die Pflanzen allmählich ausbreiten, auch durch Aussaat.

Auf feuchtigkeitshaltendem Boden können auf diese Weise zwei einheimische Geranium angesiedelt werden, dazu noch ein paar andere Arten, die ebenso wie Geranium die Eigenschaft haben, verhältnismäßig früh im Jahr zu blühen. Nach der Blüte schließen sie ihr Wachs-

G. sylvaticum
'Mayflower'

tum bald ab und können dann unbesorgt abgemäht werden.

Das bekannteste ist *G. pratense*, der Wiesen-Storchschnabel, der unter den genannten Umständen nicht viel höher als 70 cm wird und im Juni mit hellblauen Blüten blüht. Er sät sich freigebig aus und ist eine dankbare, attraktive, aber nur kurz blühende Pflanze. Die andere Art ist der Sumpf-Storchschnabel, *G. palustre*. Die buschigen Stauden werden etwa 40 cm hoch und blühen ab Juni lange mit stark farbigen, magentaroten Blüten, die dem Reiz von *G. psilostemon* nahekommen. Obwohl nicht einheimisch, sollte es doch der Mühe wert sein, stattdessen dieses *G. psilostemon* einmal zu probieren. Im Kaukasus wächst es wild auf Weideland. Flora-Puristen werden das wahrscheinlich ablehnen.

Andere Stauden, die in die Gesellschaft von *G. pratense* und *G. palustre* kommen können, sind das gefüllte Wiesenschaumkraut, *Cardamine pratensis* 'Flore Pleno', das Mädesüß, *Filipendula ulmaria* mit 'Plena' und der gelbblättrigen 'Aurea'. In dieser halbkultivierten Umgebung haben auch *Geum rivale* 'Leonard's Variety', *Polemonium caeruleum*, *Ranunculus acris* 'Multiplex' und der schwefelgelbe Hahnenfuß *R. acris* 'Sulphureus' ihren Platz, ebenso *Sanguinea officinalis*-Sorten, *Thalictrum aquilegiifolium* und *T. polygamum*, eine grünlichweiße Wiesenraute aus Japan. Wo es feucht genug ist, sind auch *Trollius europaeus* und seine Sorten willkommen. Etwas gewagt ist der dunkelblättrige Wiesenkerbel, *Anthriscus sylvestris* 'Raven's Wing'. In einem feuchteren Obstgarten gibt eine solche Gesellschaft

G. sylvaticum

einen sehenswerten Reichtum an Formen und Farben.

Am Rand kann man dann das Gras zwischen niedrigen Stauden wachsen lassen: bodenbedeckende, kräftig wachsende, die ein gelegentliches Mähen vertragen, z.B. *Ajuga*, den Günsel, in verschiedenen Farben und Formen und *Lysimachia*, das Pfennigkraut.

Auch durch das Aussäen von Stauden kann man eine solche Bepflanzung entstehen lassen, mit dem Unterschied natürlich, daß allein Arten verwendet werden können. Sorten lassen sich nicht sortenecht aus Samen ziehen. Es erspart eine Menge Aufwand und Zeit, wenn man an Ort und Stelle aussät, aber dem steht wiederum entgegen, daß die Konkurrenzkraft der Arten von der Keimung bis zur erwachsenen Pflanze viel größer sein muß. In der Regel gehen auf diesem Weg viele Pflanzen verloren, manchmal sogar alle. Das Samensortiment ist deshalb viel begrenzter. Nur die bei Aussaat stärksten und durchsetzungsfähigsten Arten können berücksichtigt werden: *Cardamine pratensis*, das Wiesenschaumkraut, *Cirsium rivulare*, eine Distel aus Südeuropa, *Lythrum salicaria*, *Sanguisorba officinalis*, *Thalictrum aquilegiifolium* und – last but not least – *G. pratense* und *G. palustre*, sofern man Samen bekommt.

An der Nordseite von Sträuchern und Bäumen, dem Gehölzrand, der kein direktes Sonnenlicht, aber dennoch viel Licht bekommt, ist das Gras oft spärlich und wird auf Dauer immer mehr von Moos verdrängt. Eine gute ergänzende Vor- und Unterpflanzung für eine solche Stelle, die im Sommer nicht ganz dürr und trocken wird, bietet *G. sylvaticum*, der Wald-Storchschnabel. Ist man ein Purist, ein Gegner aller nichteinheimischen Arten und aller Züchtungen, dann ist allein die unveränderte Art erlaubt, und die blüht im Frühjahr – eher als die meisten anderen Geranium – im „Normalfall" mit lilavioletten Blüten mit einem kleinen weißen Herz – obwohl auch rosa- und weißblühende wild vorkommen! Da zeigt sich, daß es auch hier nicht einfach ist, konsequent zu sein. Die Natur selbst beschert uns oft schon die von der Regel abweichenden Formen. Deshalb, so meine ich, können wir auch die prächtigen Sorten verwenden, wie die in der Schweiz gefundenen 'Baker's Pink', hellrosa, die weiße 'Album' und die großblumige 'Immaculée', die violettblaue, durchblühende 'Mayflower' und die schönste blaue 'Amy Doncaster'. Sie werden alle 50 bis 60 cm hoch. Wenn ihnen der Platz zusagt, werden sie sich reichlich aussäen, wobei Nachkommen der Sorten bekanntlich auch abweichende Blütenfarben sehen lassen werden.

Geranium phaeum, der Dunkle Storchschnabel, hat ebenfalls keine Schwierigkeiten mit wenig Licht und einer nicht zu starken Konkurrenz von Gräsern. Mehr noch, wenn die Pflanzen die Chance bekommen auszuwachsen, dann bilden sie oft ein geschlossenes Blätterdach und lassen keinen Platz mehr für etwas anderes dazwischen. Die Art, ruhig und bescheiden, hat violettbraune, flache Blüten mit einem hellen Herz. Aber auch in diesem Fall sollte man einer Verwendung der vielen Sorten nicht aus dem Wege gehen: die das Dunkel aufhellende 'Album', die kräftig violettblaue 'Lily Lovell', die lilagraue 'Joan Baker' und, allein des Blattes wegen, 'Samobor'.

Eng verwandt und stark *G. phaeum* gleichend sind *G.* × *monacense* und *G. reflexum*, die letztgenannte mit kleinen Blüten, bei denen die Blütenblätter stark zurückgeschlagen sind.

Am Gehölzrand fühlt sich noch eine Anzahl anderer Stauden ausgesprochen wohl, so die mitunter kräftig wuchernde *Anemone canadensis*, die wilde Akelei, *Aquilegia vulgaris*, die seltene *Corydalis nobilis*, *Euphorbia amygdaloides*, *Lamium orvala* und *Melittis melissophyllum* sowie, wenn man es schön findet, *Doronicum*.

Zum Schluß noch eine interessante einheimische (seltene!) Art, die ein- bis zweijährig ist und sich durch Aussaat vermehrt: *G. bohemicum*, dessen Blüten eine ungewöhnlich helle, violettblaue Farbe mit einer dunkleren Aderung haben. In seinem unübertrefflichen Buch meint Peter Yeo, daß die Blüten nicht groß genug sind, um anziehend zu sein und daß diese Art nur für fanatische Sammler in Frage kommt. Das mag so sein. An leichtbeschatteten Stellen wächst sie nach meiner Erfahrung recht gut, und dort herrscht sie nie vor.

Geranium und Rosen

Die Kombination von Rosen, besonders Alten Rosen mit Stauden ist beliebt. Von Geranium gibt es einige Arten und Sorten, die in Farbe und Blütezeit perfekt anschließen. Viele Rosen blühen nicht so lange, sind sparrig gebaut und von unten her oft etwas kahl. Man denke an manche Strauch- oder höhere Buschrosen, aber auch an Kletterrosen. Man kann solche Rosen mit Geranium unten schön bekleiden, so daß sie mit ihrem Fuß inmitten einem Teppich von Blättern und Blüten stehen und von Kahlheit nichts mehr zu sehen ist. Rosen gibt es, wie jeder weiß, in unendlicher Vielfalt. Man hat immer die Qual der Wahl und muß sorgsam aussuchen, was einem besonders gefällt, gute Qualitäten hat, für den gewünschten Zweck im Garten geeignet ist und zu den anderen Pflanzen paßt – beispielsweise zu Geranium.

Besonders beliebt sind gegenwärtig die sogenannten Englischen Rosen, die von dem Engländer David Austin herausgefunden und seit 1960 weiterentwickelt wurden. Er kreuzte die Alten Rosen, allerlei Sorten von *Rosa gallica* und *R. damascena* mit den modernen Floribundarosen und Teehybriden mit dem Ergebnis: Sträucher zwischen 75 cm und 2 m hoch, mit Blüten wie die von Alten Rosen, einfach, doppelt oder gefüllt in Pastellfarben und herrlich duftend. Ihre bedeutendste Eigenschaft ist, daß sie durchblühen, etwas, das die Alten Rosen nicht tun. Die Englischen Rosen haben die Schönheit, den Charme und das Zierliche von früher. Das erste Ergebnis der Kreuzungen von Austin war 'Constance Spry', breit und hoch wachsend mit großen, gefüllten, zartrosa Blüten.

Englische Rosen werden mit Vorliebe in gemischten Rabatten verwendet und nicht in reinen Rosenbeeten, wie man sie heute fast nur noch in Parkanlagen und Rosarien sieht. Es ist natürlich unvermeidlich, daß man eine Auswahl treffen muß, hier vor allem auf der Basis der Erhältlichkeit:

Zartrosa. 'Chaucer', zartrosa, gefüllt; 'Lucetta', zartrosa; 'Heritage', die schönste in dieser Farbe; 'The Wife of Bath', warm rosa; 'Cymbelene', fast gräulich rosa.

Sattes, dunkleres Rosa. 'Pretty Jessica', klein, warm rotrosa; 'Gertrude Jekyll', groß, rotrosa.

Gelb. 'English Garden', gefüllt, gelb, zu Braun neigend; 'Charles Austin', gefüllt, aprikosengelb; 'Windrush', einfach, blaß zitronengelb; 'Graham Thomas', die erste gefüllte gelbe.

Rot. 'L.D. Braithwaite', gefüllt; 'Chianti', gefüllt, dunkelrot.

Weiß. 'Winchester Cathedral', gefüllt; 'Fair Bianca', kleinbleibend, rein weiß.

Das ist nur eine recht willkürliche Auslese, und auch die Einordnung in eine bestimmte Farbgruppe ist nicht in jedem Fall eindeutig, denn all die weichen Farbtöne fließen ineinander über.

Eine andere Gruppe ist die der großen, 2 bis 3 m hohen Strauchrosen, die man heute „Hybrid Scots Briars" oder „Burnet-Hybriden" nennt: derbe Sträucher, mit einfachen, flachen Blüten und einer einmalig frühen Blüte. Mehr als bekannt sind 'Nevada', rahmweiß mit Gelb, 'Frühlingsgold', hellgelb, 'Frühlingszauber', karminrot, und 'Golden Wings', viel niedriger und durchblühend, gelb.

Steifer und durchblühend, aber stark und überall wachsend sind die *R. rugosa*-Hybriden, mit schönen Früchten im Überfluß, aus denen sich eine so gute Marmelade machen läßt. Die einfache, weiße 'Alba' und die halbgefüllte, durchblühende 'Blanc Double de Coubert' sind schön, ebenfalls die zartrosa 'Conrad Ferdinand Meyer' und die einfache, hellrosa 'Dagmar Hastrup'. Karminrot und halb gefüllt ist 'Roseraie de L'Hay'. Die Rugosa-Hybriden sind für die natürlicher angelegten, weniger Pflege verlangenden Partien größerer Gärten bestimmt.

Von den sogenannten botanischen Rosen, den wildartig wachsenden, unveredelten Formen, sind einige brauchbar, die – jammerschade – arg kurz blühen, das aber sehr früh im Jahr. *Rosa* 'Cantabrigiensis' und die von ihr abstammende 'Canary Bird', beide gelb blühend, sind Beispiele dafür.

Noch ein Wort zu den mehr oder weniger lackroten, flaschenförmigen Rosenfrüchten, von *R. moyesii* 'Sealing Wax' zum Beispiel, die im Herbst den Strauch schmücken: Da könnte man eine schöne Staude von *Geranium* 'Brookside' darunter pflanzen, die mit ihrer zweiten Blüte ein herrliches Blau unter die roten Hagebutten zaubert.

Wenn man nun seine Rosen, wie soeben besprochen, nach Farbgruppen betrachtet, dann kann man die dazu passenden Geranium gezielt aussuchen. Man muß bei Geranium mit einer Farbe, die der der Rose zu ähnlich ist, aufpassen. Das kann genau danebengehen – wenngleich das glücklicherweise eine Frage des Geschmacks bleibt. Es kann zuweilen ungemein reizvoll sein, in hauchzarten Abstufungen von Pasteltönen das Besondere zu suchen.

Man sollte zur Kombination mit Rosen unter den Geranium die bekannteren und stärkeren Formen verwenden.

Rosa Rosen. Soll man Rosa mit rosa Geranium ergänzen oder will man Kontraste haben? Geranium sind, Ausnahmen dahingestellt, selten rein rosa. Es ist immer Blau oder Lila mit im Spiel. Zu den Englischen Rosen 'Chaucer', 'The Wife of Bath' oder 'Lucetta' passen andere rosige Farben, aber Vorsicht ist

Geranium mit *Rosa* 'Sally Holmes', *Allium* und *Delphinium*

geboten. Man sollte einmal die blassen *G.* × *oxonianum*-Sorten wie 'Rebecca Moss' und, wenn weniger Platz ist, 'Winscombe' oder 'A. T. Johnson' nehmen. *G. versicolor* mit seinen subtil geaderten kleinen Blüten kann auch hübsch aussehen. *G. clarkei* 'Kashmir Pink' ist schon etwas süßlich. Die Englische Rose 'Cymbelene', hellrosa mit einem Schuß Grau, zusammen mit *G. clarkei* 'Kashmir White' vielleicht – es gibt viel zu experimentieren.

Viel leichter ist es, unter rosa Rosen blaue oder violettblaue Geranium zu pflanzen: in der Rabatte die nicht wuchernden *G. ibericum*, *G. platypetalum*, *G. himalayense* 'Gravetye' und 'Johnson's Blue'. In größerem Maßstab, vor einer Pflanzung von rosablühenden *R. rugosa*-Hybriden, die unten bereits kahles Holz bekommen, eine raschwachsende blaue wie *G. clarkei* 'Kashmir Purple', *G. himalayense* 'Irish Blue' und die höheren 'Brookside', 'Nimbus' und 'Spinners'.

Rote Rosen. Echtes Rot gibt es bekanntlich viel bei Rosen, u. a. bei den Teehybriden, prächtige Blüten, aber oft unglücklich wachsende und in der Rabatte unbrauchbare Sorten. Englische Rosen stehen da viel besser, mit Farben, die mehr zu Violettrot oder Dunkelrot neigen, z. B. die oben schon genannten 'L. D. Braithwaite' und 'Chianti', beide gefülltblühend. In Kombination mit dem gefüllten *G. pratense* 'Plenum Violaceum' gibt das ein prächtiges, fröhliches Bild ab. Von den wildhafteren Rugosa-Hybriden dürfte die karminrote, gefüllte 'Roseraie de L'Hay' zusammen mit niedrigen, violettblauen und stark wachsenden Geranium sehr schön wirken. Die *Rosa* 'Frühlingszauber' kann mit den gleichen Geranium unterpflanzt werden.

Gelbe Rosen. Gelb mit Blau, das darf nicht unbeachtet bleiben. Unter die allerfrühest blühenden Rosen wie 'Canary Bird' gehört *G. erianthum*. Danach folgen 'Frühlingsgold' und 'Nevada', zu ihnen passen die schneidige, frühblühende *G.* × *magnificum* und *G. phaeum* 'Lily Lovell', die auch mit ihrem hellgrünen Blatt einen besonderen Akzent beiträgt. 'Golden Wings', eine niedrige Sorte, hat lieber etwas Kleineres neben sich, wie *G. himalayense* 'Gravetye' oder *G. platypetalum*; das alles dann gemischt mit *Alchemilla mollis*, eine herrliche Kombination!

Hält man sich an die Blütezeiten, dann sieht man, daß die Englischen Rosen später kommen, aber die halten dann auch den ganzen Sommer durch. Bei den sattgelben 'Graham Thomas' und 'English Garden' dürfen es gern etwas hellere Blautöne sein, wie die von *G. himalayense* 'Irish Blue' oder 'Kashmir White'.

Weiße Rosen. Die Blütenfarbe der weißen Rosen ist in der Regel nicht ein absolut sauberes Weiß, meistens steckt ein wenig Creme oder ein Rosaton drin. Die Kombination mit weißen Geranium kann äußerst hübsch sein. *G. clarkei* 'Kashmir White' hat den rosigen Hauch in den Blüten, den einige weiße Rosen auch haben, so die Englische Rose 'Winchester Cathedral'. Die Blüten der *R. rugosa*-Hybriden 'Alba' und 'Blanc Double de Coubert' sind kreideweiß. Sie kann man mit hellrosa Geranium wie *G.* × *oxonianum* 'Rebecca Moss' lebendiger machen oder, in kleinem Ausmaß, mit *G. sanguineum* var. *striatum*.

Noch kurz etwas über die Teehybriden und die Floribundarosen in Beeten. Am Rand sollten einige Geranium-Arten als farbenreiches Band gepflanzt werden, z. B. die weiße *G. sanguineum* 'Album', eine klassische Kombination mit *Rosa* 'Schneewittchen', eine der bekanntesten und populärsten kleinen Strauchrosen. Soll es ein Blätterrand rundherum sein, dann kommt *G. macrorrhizum* in Frage. Obwohl es schon blüht, wenn die Rosen noch lange nicht so weit sind, ist es doch ratsam, die rosa- und weißblühenden Sorten 'Ingwersen's Variety', 'Album' und 'Spessart' zu verwenden. Die karminroten Sorten können in der Nachblüte farblich sehr unangenehm einwirken, falls die Rosen in der Blütenoptik nicht ideal dazu passen. Auch *G.* × *oxonianum* mit ihren mäßiger wachsenden Sorten eignen sich gut für das Absetzen eines Rosenbeets.

Geranium unter Sträuchern

Es kann nicht schaden, Sträucher, die nach ihrer kurzen und reichen Blüte im Frühjahr den Rest des Jahres etwas langweilig dastehen, mit einer Unterpflanzung von Geranium aufzumuntern, die entweder gleichzeitig mit den Sträuchern blühen und deren Blüte unterstützen und verstärken oder die nach der Gehölzblüte die entsprechenden Stellen des Gartens verschönen und auch die kahlen Stämme der Sträucher dem Auge entziehen.

Die bekannten Frühjahrsblüher wie *Forsythia*, *Ribes* und *Spiraea* sind nach ihrer überschwenglichen Blüte nicht mehr so attraktiv. Mit Geranium, dazwischen und davor gepflanzt, wird ein neuer, besonderer Impuls gegeben. Dafür sollten bevorzugt die kräftigsten, zur Bodenbedeckung mit geeigneten Geranium verwendet werden, wie *G.* × *oxonianum* mit seinen vielen Sorten, *G. himalayense* und verschiedene *G. clarkei*-Formen. Bei größeren Sträuchern sind größere Arten wie 'Brookside' und 'Spinners' angezeigt. Immergrüne Gehölze, die außerhalb ihrer meist kurzen Blühperiode etwas gelangweilt dastehen, können auf dieselbe Weise mit Geranium aufgemuntert werden.

Von mehr Anspruch und Sachkunde zeugt es, wenn blühende Sträucher durch Geranium in gleicher Farbe unterpflanzt oder in einer guten Kontrastfarbe besonders hervorgehoben werden. In einem englischen Buch sah ich ein Foto von einer glänzenden Kombination von *Philadelphus* 'Innocence' mit *G. sanguineum* 'Album': dieselbe Farbe, dieselbe Blütezeit. Sehr schön wäre in diesem Fall *G. maculatum* 'Album', etwas höher und dadurch mit den untersten Blüten des *Philadelphus* vermischt. Man könnte auch noch *Hosta* 'Francee' dazusetzen, eine grünblättrige Funkie mit breitem, weißem Rand, dann wäre das Bild geradezu optimal!

Noch ein paar Beispiele von der unterstützenden Funktion von Geranium: Zeitig im Frühjahr zartrosa *Viburnum* mit blauen *G. erianthum* oder eine gut auf Farbe ausgesuchte Sorte von *G. maculatum*; *Viburnum plicatum* mit *G. sylvaticum* 'Album', rosa in der Knospe; oder *Deutzia* mit blauen 'Johnson's Blue' und *G. clarkei* 'Kashmir Purple'; oder im Nachsommer *Ceanothus* 'Gloire de Versailles' mit der nachblühenden 'Brookside', die auch neben zartrosa *Hydrangea* sehr hübsch aussieht. Die Möglichkeiten sind schier endlos.

Zu den gelbgrün austreibenden Geranium wie 'Ann Folkard' und 'Nimbus' kann man gelbblättrige Sträucher setzen, z.B. gelbblättrige *Berberis*, gelbgrün austreibende kleine *Acer* und *Physocarpus opulifolius* 'Aurea' und 'Dart's Gold' daneben. Die düstere *Corylopsis* 'Spring Purple' und die neue, dunkelblättrige *Physocarpus* 'Diabolo' verbinden sich sehr schön mit *G. wlassovianum*.

Für den Herbst kann man ausgewählte Sträucher mit schöner Laubfärbung durch Geranium optisch unterstützen: *G. sanguineum* 'Elsbeth' zu *Viburnum opulus* 'Compactum' oder zu *Fothergilla*. Gelb gefärbte *G.* × *magnificum* vor den Hintergrund von *Viburnum opulus* 'Xanthocarpum' und *G. wlassovianum* zu *Vitis* 'Brant'.

Arten und Sorten

Die Geranium-Arten, die hier in alphabetischer Reihenfolge beschrieben werden sollen, sind fast alle mehrjährig; auf die wenigen Ausnahmen wird hingewiesen. Die Auswahl in diesem Buch ist bis zu einem gewissen Grad eine persönliche. Eine vielversprechende neue Sorte, selbst wenn heute noch nicht allgemein erhältlich, bekam den Vorzug vor einer in der Kultur zweifelhaften Art aus dem mittleren Osten, bei der sich die Blüten in unserem Klima nicht einmal öffnen. Exakte Angaben zur Wuchshöhe sind schwierig. Sie hängt stark vom jeweiligen Standort ab. Auch Blütezeit und Blühdauer können nur näherungsweise angegeben werden.

Die Beschreibung der einzelnen Arten besteht aus dem botanischen (selten deutschen) Namen, gegebenenfalls dem Synonym, der Angabe des natürlichen Verbreitungsgebietes, also der Heimat der betreffenden Art, und dann der Charakterisierung der Pflanze selbst, des Blattes, der Blüten usw. sowie weiteren wissenswerten Informationen, vor allem auch zur Vermehrung. Dann werden zugehörige Sorten, soweit wertvoll für den Garten, mit ihren wichtigsten Eigenschaften, Standort- und Pflegeansprüchen aufgeführt und zum Schluß generelle Hinweise zur Vermehrung gegeben.

'Ann Folkard'

Eine Kreuzung zwischen *G. procurrens* und *G. psilostemon*, 1973 durch Oliver Folkard in England aus Samen gewonnen. Aus einem kompakt wachsenden Wurzelstock kommen im Frühjahr eine Menge goldgelber Blätter zum Vorschein, jedes Blatt tief eingeschnitten mit 5 bis 7 Lappen. Es folgen lange, dünne Stengel, die ab Juli bis 4 cm große, glühend violettrote Blüten mit dunklem Herz tragen. Auffällig webt sie sich durch andere Pflanzen und blüht bis zu den ersten Frösten. Die Pflanze braucht viel Platz, denn ein erwachsenes Exemplar wird 50 cm hoch und mitunter gut 150 cm breit. Das Blatt wird im Laufe des Sommers gelblichgrün. Es ist eines der schönsten Geranium, das aber schwer zu vermehren ist und in strengen Wintern etwas abgedeckt werden muß. Die Vermehrung kann durch sehr vorsichtige Teilung im Früh-

Zeichnung und Foto: *Geranium* 'Ann Folkard'

Links: *G. argenteum*
Rechts: *G. aristatum*

jahr erfolgen. In der Praxis stammen die meisten Pflanzen aus Gewebekultur. Für volle Sonne.

'Anne Thomson'

Wie 'Ann Folkard' eine Kreuzung zwischen *G. procurrens* und *G. psilostemon*, gezogen von Alan Bremner in England. Gleicht 'Ann Folkard', ist aber kleiner und kompakter im Wuchs, maximale Breite 60 cm.

G. argenteum

Ein kleine Gebirgspflanze aus den Französischen Alpen, Norditalien und dem Norden des ehemaligen Jugoslawien, die schwierig zu ziehen ist und absolut nichts von unseren nassen Wintern hält. Im Steingarten oder in einem Trog, auf sehr gut dräniertem Boden bildet sie kleine Polster dicht aufeinandersitzender Rosetten aus silbergrauen, runden Blättchen, die tief eingeschnitten sind. Gegen den Hintergrund heben sich die im Verhältnis zu den Maßen der Pflanze großen, weißen oder hellrosa Blüten schön ab. Sommerblühend, geeignet für einen sehr sonnigen und trockenen Platz; möglichst in einem nährstoffarmen Gemisch, damit sich die Pflanze so kompakt und reichblühend wie möglich entwickelt. Im Winter mit einer Glasplatte bedecken, um Fäulnis zu verhindern; aber selbst damit rettet man die Pflanze nicht immer. *G. argenteum* ist Elter einer Anzahl schöner Hybriden, siehe dazu *G.* × *lindavicum*. Vermehrung im Frühjahr durch kleine Seitenrosetten, durch Stecklinge oder aus Samen.

G. aristatum

Die Art, nahe verwandt mit *G. phaeum*, ist im Süden des vormaligen Jugoslawien, in Südalbanien und Nordwestgriechenland beheimatet. Sie hat deutlich behaarte, graugrüne Blätter, die beinahe ebenso aussehen wie die von G. *phaeum*. Sie ist etwas unordentlich im Wuchs, 50 cm hoch, mit Blüten, die sofort durch ihre stark zurückgeschlagenen Blütenblätter auffallen, fast weiß oder ganz blaßlila, mit lilavioletten Adern, dadurch kräftig gestreift. Die Pflanze wächst leicht im Halbschatten des naturnahen Gartens, zum Beispiel unter Gehölzen. Gleich nach der Blüte gut zurückschneiden, damit junges, frisches Laub nachwächst. Vermehrung durch Teilung.

G. asphodeloides

Diese Art ist von Natur aus so variabel, daß drei Unterarten unterschieden werden:
subsp. asphodeloides, von Sizilien bis an die Krim, mit schmalen Blütenblättern, die der Blüte ein sternartiges Aussehen geben. Die Blüten sind meist blaßrosa mit dunkleren Adern, aber auch Weiß kommt vor.
subsp. crenophilum aus dem Libanon und Syrien ist tiefrosa mit breiteren Blütenblättern.
subsp. sintenisii aus der Nordtürkei ist reichblühend blaßrosa.

Diese Unterarten sind so gut wie nie in Kultur; jedoch sind – selten – zwei aus England stammende Sorten im Umlauf:
'Prince Regent' mit blaßlila Blüten, die dunkler geadert sind.
'Starlight' ist reinweiß mit breiteren Blütenblättern.

Alle diese Formen sind reich- und langblühend, jedoch keine ins Auge springenden Pflanzen. Sie eignen sich für sonnige oder halbschattige Stellen, wo sie durch andere Pflanzen hindurchwachsen können und dort eher eine untergeordnete Rolle spielen. Sie passen überall dazu. Die Wuchshöhe liegt bei 40 bis 50 cm. Nach der Blüte zurückschneiden, um sie ansehnlich zu halten. Vermehrung durch Teilung oder durch Samen; oft kann man Massen von Sämlinge in der Nachbarschaft finden.

'Baby Blue' siehe *G. himalayense*
'Black Ice' siehe *G. sessiliflorum* subsp. *novaezelandiae*
'Blue Cloud' siehe 'Nimbus'
'Blue Pearl' siehe 'Brookside'

G. bohemicum

Der Böhmische Storchschnabel ist eine ein- oder zweijährige Art aus Mitteleuropa, die der besonderen Blütenfarbe und -zeichnung wegen gezogen werden sollte: rein violettblau mit dunklerer Aderung. Sie wächst ziemlich unordentlich und wird 30 bis 50 cm hoch. Eine hübsche Pflanze für eine Wildecke im Garten. Vermehrung ausschließlich durch Samen.

'Brookside'

Eine besonders gute Neuheit, gefunden im Botanischen Garten Cambridge um 1970, eine Kreuzung zwischen *G. pratense* und *G. clarkei* 'Kashmir Purple', in den Handel gebracht durch Axletree Nursery. Sie wächst verhältnismäßig groß, sicher

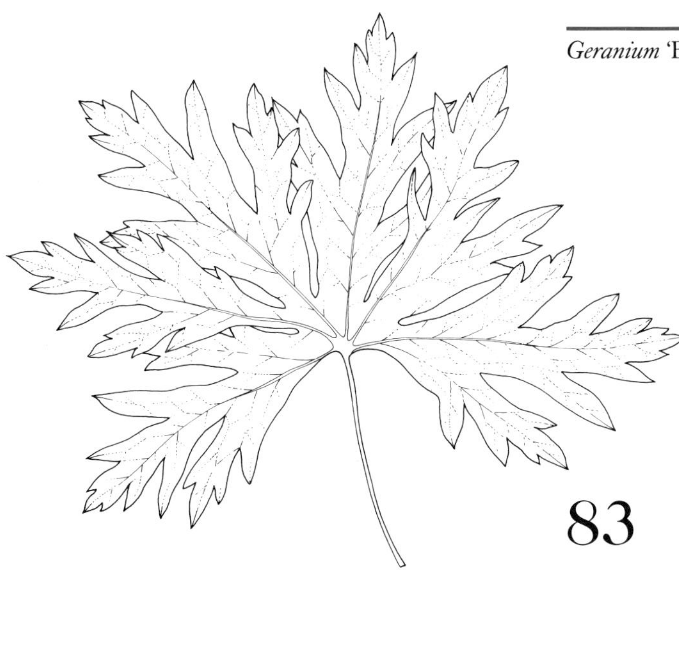

Geranium 'Brookside'

G. caeruleatum

60 × 60 cm, das Blatt an rot überlaufenen Stielen ist tief eingeschnitten. Die großen, schalenförmigen Blüten sind prächtig hellblau mit weißer Mitte. Die Pflanze ist ein Gewinn für die Rabatte. Sie blüht von Ende Mai bis Mitte Juli und – ohne Rückschnitt! – nochmals von Anfang September bis zum Frost.
'Blue Pearl' mit graublauen Blüten ist ein ausgelesener Sämling von 'Brookside'. Vermehrung beider Sorten durch Teilung.

G. caeruleatum

Ähnelt stark einem kleinen *G. sylvaticum*, nur 25 cm hoch, mit kleinen violettblauen Blüten, die ein weißes Auge haben. Blütezeit Mai-Juni, Vermehrung durch Teilung. Selten und langsamwachsend.

G. canariense, G. maderense, G. palmatum und G. rubescens

Eine sehr interessante Gruppe nicht winterharter Geranium, Arten von den Kanarischen Inseln und von Madeira, die frostfrei überwintert werden müssen. Da sie aus dem gleichen Raum und Klima herkommen und einander so ähnlich sind, sollen sie alle vier gemeinsam beschrieben werden.
G. canariense bildet eine Rosette aus bis zu 25 cm großen, tief geteilten Blättern oben auf einem kurzen Stämmchen, das nicht viel höher als 15 cm wird. Von April an kommen aus den Blattachseln die Blütenstiele zum Vorschein; alle bilden zusammen einen vielfachen, prächtigen Blütenstand, der wohl 40 cm hoch werden kann und aus Hunderten von Einzelblüten besteht. Jede Blüte ist ungefähr 3,5 cm im Durchmesser, tief rosarot; die Blütenblätter stehen frei weit auseinander. Eine schöne Kübelpflanze, die absolut frostfrei überwintert werden muß.
G. maderense von Madeira. Sie ist unbestritten die schönste mit dem größten Blatt von allen Geranium, bis gut 60 cm groß, glänzend und mehrmals tief eingeschnitten, in einer Rosette oben auf dem Stamm, der bis 60 cm hoch werden kann und mit den Resten der alten, abgestorbenen Blattstiele besetzt ist. Im Nachwinter entwickelt sich oben auf dem Stamm der Blütenstand: ein Meter hoch, drüsig behaart und mit Hunderten und aber Hunderten Blüten, die rotviolett sind mit einem ganz dunkelroten Herz. Eine prachtvolle Kübelpflanze, die im Licht überwintert werden muß. Nach der Blüte stirbt sie in der Regel ab, doch wird Samen im Überfluß gebildet. Es wird gesagt, daß der Samen erst einen Monat oder zwei trocken gelagert werden muß, bevor er keimen kann.
G. palmatum, ebenfalls von Madeira, gleicht einem stammlosen *G. canariense*. Der Blütenstand ist mit violettroten Drüsenhaaren besetzt und die Blüten sind rotviolett mit einer dunkleren Mitte.
G. rubescens ist eine Kuriosität aus Madeira, eine zweijährige Pflanze, die einer riesengroßen Ausführung von *G.*

robertianum, dem bekannten Ruprechtskraut, gleicht. Man sieht auch hier wieder eine grünbleibende Rosette tief geteilter Blätter an rötlich-violetten Blattstielen und relativ kleine Blüten in einem bescheidenen Blütenstand, rein rotviolett mit einem dunkleren Herz.

Man kann versuchen, alle vier Arten zu bekommen, um mit ihnen eine schöne, harmonische Gruppe auf der Terrasse zu arrangieren. Bei aller Ähnlichkeit im großen und ganzen sind doch die individuellen Merkmale deutlich. Die imposanteste Art ist ohne Zweifel *G. maderense*. Unter diesem Namen wird allerdings meistens *G. palmatum* angeboten. Man muß auf das Blatt achten; das von *G. maderense* ist viel feiner geteilt, und die Blattstiele sind rotbraun statt grün. Alle vier Arten werden durch Samen vermehrt.

G. maderense (oben und unten)

G. × cantabrigiense

Diese Kreuzung zwischen *G. dalmaticum* und G. *macrorrhizum* ist ein Bodenbedecker, der fast überall wachsen kann und der hervorragend zu gebrauchen ist, wo *G. macrorrhizum* zu grob und zu schnellwüchsig sein sollte. *G. × cantabrigiense* bildet eine fortwährend anschwellende Matte wintergrüner, angenehm riechender, glänzender Blättchen an bräunlich verholzten Stengeln, bis 30 cm hoch. Die Farbe der Kelchblätter bestimmt die Farbimpression der Blüten mit. Es werden einige Sorten unterschieden:
'Biokovo' hat weiße Blüten, hellrosa geadert, und aufgeblasene, rosarote Kelchblätter. Es ist ein locker wachsender Bodenbedecker, der nicht alles Unkraut unterdrückt, gefunden von Dr. Simon im früheren Jugoslawien im Biokovo-Gebirge (Dalmatien).
'Cambridge' wächst kräftiger als die vorgenannte Sorte und blüht verschwende-

Oben links:
G. × cantabrigiense 'Biokovo'
Oben rechts:
G. × cantabrigiense 'Cambridge'
Rechte Seite:
G. cinereum 'Ballerina'

risch mit dunkel rosaroten Blütchen. Das Blatt ist geruchlos.
'Karmina' aus der Gärtnerei Ernst Pagels ähnelt sehr stark der vorigen Sorte, dürfte aber widerstandsfähiger gegen eine bestimmte Blattfleckenkrankheit sein. Das Blatt dieser Sorte duftet gut.
'St. Ola' hat verglichen mit 'Biokovo' größere weiße Blüten, mit Blütenblättern, die einander überlappen; dadurch wirkt die Blüte runder und anmutiger. Sie stammt von Alan Bremner, der *G. dalmaticum* 'Album' mit *G. macrorrhizum* 'Album' kreuzte.

Wenig bekannt sind **'Lohfelden'**, weiß mit deutlicherer Aderung, **'Showtime'**, die heller rosa **'Berggarten'** und die nicht von 'Cambridge' zu unterscheidende **'Andrew Clarke'**.

Alle *G. × cantabrigiense*-Sorten sind für sonnige und halbschattige Plätze bestimmt, auch unter Sträuchern befriedigen sie gut. Nach ein paar Jahren verholzen sie und müssen dann nach der Blüte einmal zurückgeschnitten werden, um sie zu verjüngen. Die Blütezeit beginnt ab Mitte Mai. Vermehrung durch Rißlinge und Stecklinge.

'Chantilly'

Eine der Kreuzungen von Alan Bremner, und zwar zwischen *G. gracile* und *G. renardii*. Das Ergebnis ist eine etwa 40 cm hohe Pflanze mit blaßgrünen Blättern, deren runzelige Oberseite von *G. renardii* stammt und deren Form von *G. gracile*. Die aufrechten kleinen Blüten sind hell lilarosa und stehen wie eine luftige Wolke über dem Blatt. Die Pflanze blüht an einem sonnigen Platz langandauernd von Mai bis Juli. Eine hübsche, zierliche Pflanze. Vermehrung durch Teilung im Frühjahr.

G. cinereum

Im Mittelteil der Pyrenäen wächst diese 15 bis 20 cm hohe, für den Steingarten geeignete Pflanze mit graugrünen, tief eingeschnittenen Blättchen in Rosetten. Sie ist mit *G. argenteum* verwandt und kreuzt sich leicht mit dieser Art. Daraus entsteht dann die Hybride *G. × lindavicum*. Die Art *G. cinereum* ist in der Kultur nicht ganz einfach. Aber glücklicherweise

gibt es ein paar Sorten, die keinerlei Probleme machen und sich an einem sonnigen Platz im Garten, auf dem im Winter kein Wasser steht, von jedermann ziehen und erhalten lassen. Die bekanntesten sind:

'Ballerina', eine beliebte und gut wachsende Sorte, mit violettrot-rosa Blüten mit dunkler Mitte und einem dichten Netzwerk dunklerer, aber doch feiner Adern besetzt. Den ganzen Sommer hindurch stehen die Blüten an dünnen Stielchen über den lockeren Polstern aus graugrünem Laub.

'Lawrence Flatman' ist wie 'Ballerina'; der Unterschied ist, daß die Blütenblätter in der Mitte einen dreieckigen dunkleren Fleck haben, wodurch die Blüten gestreift erscheinen.

'Gillian Perrin' ist noch so neu, daß nur bekannt ist: Sie hat hellrosa geaderte Blüten mit einem roten Herz. Sie kommt jetzt auf den Markt.

Schwieriger und pflegebedürftiger, wenn sie gut wachsen und blühen sollen, sind die folgenden:

var. cinereum hat köstliche hellrosa Blüten mit dunkleren Adern, kleine Blätter in Grüngrau, alles viel feiner und zerbrechlicher als 'Ballerina'.

var. cinereum 'Album' ist eine echte Liebhaberpflanze mit reinweißen Blüten. Kaum im Handel erhältlich, allein bei einem oder zwei Spezialisten in England.

var. obtusilobum aus dem Libanongebirge ist fast zu heikel in der Kultur. Beinahe weiße Blüten.

var. subcaulescens ist grünblättrig, die Blüte vom denkbar grellsten, strahlenden Karminrot, gleich wie bei *G. psilostemon*, mit einem schwarzen Herz und dunkel geadert. Dieses Geranium kommt auf dem Balkan vor und im Norden der Türkei. Es bildet mit seinen eingeschnittenen Blättern niedrig bleibende Polster. Die Blütenstiele werden 25 cm hoch. Man

Linke Seite: *G. cinereum* 'Lawrence Flatman' (oben), *G. cinereum* var. *subcaulescens* 'Giuseppii' (unten)

G. cinereum var. *subcaulescens* 'Splendens'

sollte diese Pflanze für einen optimalen Effekt vorne in einen großen Steingarten pflanzen oder auf ein erhöhtes Beet in die volle Sonne. Sommerblühend.

var. subcaulescens 'Giuseppii' ist ein bißchen weicher in der Farbe, etwas weniger grell, ohne das schwarze Herz: Die Mitte ist dunkler, vor allem durch die zusammenlaufenden dunkleren Äderchen.

var. subcaulescens 'Splendens'. Verwirrend ist es schon, daß dieser Name meist fälschlich für *G. cinereum* var. *subcaulescens* vergeben wird. Die richtige 'Splendens' hat aber rosarote, nicht so grell karminrote Blüten, die flacher sind. Außerdem überlappen die Blütenblätter einander, die Blüten erscheinen dadurch runder.

Es ist nicht leicht, die letzten drei Formen ohne weiteres auseinanderzuhalten, nicht einmal dann, wenn man sie zugleich vor sich hat.

Alle *Geranium cinereum*-Abkömmlinge werden durch Stecklinge im Frühjahr vermehrt. Das ist aber Spezialistenarbeit. Die Sorte 'Ballerina' vermehrt man professionell auch durch Gewebekultur.

Oben: *G. clarkei* 'Kashmir Pink'
Rechte Seite: *G. dalmaticum*

G. clarkei

Eng verwandt mit *G. pratense* ist diese blattabwerfende Art aus Kaschmir, mit zierlich tief eingeschnittenem und gefiedertem Blatt. Die Pflanze kann sich durch unterirdische Ausläufer so stark ausbreiten, daß sie in kleinen Gärten besser nicht eingesetzt wird, ausgenommen die rosa blühende Sorte – wer kann schon ihrer Anmut widerstehen? Die hier genannten Sorten werden alle an die 40 cm hoch:
'Kashmir Pink' ist ein Sämling von 'Kashmir Purple', der um 1990 in der Blackthorn Nursery auftauchte. Er hat wegen seiner prächtigen, beinahe ätherischen hellrosa Blüten schnell Aufsehen erregt.
'Kashmir Purple' hat schöne aufrechte Blüten, violettblau mit roten Äderchen. Da die Sorte wuchert, ist sie sehr gut geeignet als Bodenbedecker für große Flächen unter Rosen, Sträuchern und anderen Gehölzen.
'Kashmir White' hat zarte weiße Blüten mit feinen rosa Äderchen, wodurch der Gesamteindruck von Hellrosa entsteht. Ein guter Wachser, der aber mehltauempfindlich ist. Die Vermehrung durch Rißlinge ist problemlos, jedes abgerissene Stück wurzelt mit größter Leichtigkeit.

'Coombeland White' siehe 'Joy'

G. dalmaticum

Ein gut wachsendes, blattabwerfendes Geranium, 10 bis 15 cm hoch, aus Albanien und dem Südwesten des vormaligen Jugoslawien, mit kriechendem, oberirdischem Wurzelstock und mit kleinen runden, tief eingeschnittenen, glänzenden Blättchen, die im Herbst schön rot verfärben. Auf Dauer entwickelt die Art eine niedrige Matte, die sich den Konturen ihrer Umgebung anpaßt. Im Sommer sind die Pflanzen mit Blüten bedeckt, die so aussehen wie die von *G. macrorrhizum*, heller rotrosa, aus aufgeblasenen Kelchen kommend. Um gut zu blühen, braucht diese Art viel Sonne und einen nährstoffarmen Boden, wo sie dann auch meist kompakt und naturgetreu wächst. Nach einigen Jahren verholzen die Pflanzen sehr stark. Dann können sie auseinandergerissen werden, wobei man die äußersten, jüngsten und wuchskräftigsten Stücke wieder neu pflanzt und den alten verholzten Mittelteil wegwirft.
'Album' hat weiße Blüten, wächst und blüht jedoch weniger willig.

'Diva' siehe *G. swatense*

'Dilys'

Eine Kreuzung von Alan Bremner zwischen *G. sanguineum* und G. *procurrens*. Von der ersten hat sie das Blatt geerbt und von der zweiten den 100 cm breiten, ausgedehnten Wuchs. Sie bildet lange, dicht beblätterte Triebe, die unterwegs aber nicht wurzeln. Die Blüten sind ziem-

Rechts: *G. erianthum*
Rechte Seite:
G. endressii

lich klein, rotviolett mit einer dunklen Mitte, aber mit einer sanfteren Farbe als bei *G. sanguineum*. Sie blüht spät und lange, von August bis November. Höhe 25 cm. 'Dilys' wird noch nicht allgemein angeboten. Verwendung im Steingarten, sofern da genügend Platz ist, oder vornan in der Rabatte. Vermehrung durch Rißlinge oder Wurzelstecklinge.

G. endressii

In seiner echten Form, also als reine Art, ist dieses aus dem südwestlichen Europa stammende Geranium kaum in Kultur: Fast immer sind es Kreuzungen mit *G. versicolor*, die als *G. × oxonianum* im Handel sind. Die Art *G. endressii* hat ein tief eingeschnittenes, hellgrünes Blatt, das im Winter meistens intakt bleibt. Die Blüten sind trichterförmig, heller rosa mit etwas Rotviolett darin (wie Himbeereis). Man kann die schönen Blüten den ganzen Sommer und Nachsommer hindurch erwarten. Die Pflanze wird 45 cm hoch und wächst am leichtesten in Sonne und Halbschattten an Stellen, wo sie den Boden rasch bedecken kann. Nach der Blüte am Boden abschneiden; wenig später kommt ein neuer Schub frischgrüner Blätter hervor und wieder eine bescheidene Blüte. Vermehrung durch Teilung.

Es gibt ein paar Sorten, die unter *G. × oxonianum* beschrieben werden.

G. erianthum

Eine unkomplizierte, aber recht anziehende Pflanze aus Japan und Alaska, und deshalb ziemlich variabel. Der am häufigsten vorkommende Typ wird 45 cm hoch und hat tief eingeschnittene Blätter mit meist 7 einander überlappenden Zipfeln, die sich im Herbst prächtig rot-

G. erianthum

orange verfärben. Die Blüten sind groß, bis 4 cm Durchmesser, ziemlich flach und von der typischen violettblauen Farbe, die man auch bei anderen Geranium-Arten kennt. Es gibt folgende Sorten:
'Calm Sea' ist eine bis 60 cm hohe Form, mit ganz hellblauen Blüten, die auffallend dunkelblau geadert sind.
'Neptune' bleibt niedriger und hat große tiefblaue Büten. Wächst breit aus.
'Undine' ist die niedrige weißblühende Form, auch als 'Album' bekannt.

Es sind durch und durch winterharte, starkwachsende, aber nicht wuchernde Pflanzen, die wenig Ansprüche stellen und sich im Halbschatten auf nicht zu trockenem Boden zu Hause fühlen. Einer der frühesten Blüher, oft bereits in der letzten Aprilwoche und noch ein wenig Nachblüte später im Jahr.

G. eriostemon siehe *G. platyanthum*

G. farreri

In Kansu, hoch in den Bergen von Westchina, wurde dieses Geranium in mehr als 3500 m Höhe auf mit Felstrümmern und Steinschlag bedeckten Hängen gefunden. Reginald Farrer, englischer Pflanzensammler, Steingartenexperte und Gartenbau-Schriftsteller, hat sie dort zu Beginn dieses Jahrhunderts entdeckt. Nach ihm ist diese Steingartenpflanze par excellence benannt. *G. farreri* wird ungefähr 15 cm hoch und hat runde, tief eingeschnittene Blättchen mit einem roten Rand. Im Vorsommer kommen die ziemlich großen, apfelblütenrosa Blüten mit blauschwarzen Staubfäden, an kurzen Stielchen sitzend, zum Vorschein. Man sollte es in einem nicht zu nährstoffarmen, aber sehr gut durchlässigen Bodengemisch mit viel Steinzuschlag in einem Trog versuchen. Im Winter kommt eine Glasscheibe darüber. Vermehrung durch Samen oder durch vorsichtiges Abziehen einer kleinen Rosette, die dann als Steckling weiterbehandelt wird.

G. fremontii siehe *G. viscosissimum*

G. gracile

Diese aus der Nordosttürkei und dem südlichen Kaukasus stammende Art gleicht auffallend stark *G. nodosum* und ist

Blattähnlichkeit zwischen *G. gracile* (links) und *G. nodosum* (rechts), zwei geographisch weit voneinander entfernte Arten

einer der Beweise, wie eine natürliche Selektion unter gleichwertigen Bedingungen ablaufen kann: Beide Arten, obwohl tausende Kilometer voneinander entfernt vorkommend, wachsen im gleichen Waldtyp und werden wahrscheinlich durch den gleichen Insektentyp bestäubt (*G. nodosum* kommt aus Südfrankreich und Mittelitalien). *G. gracile* ist halb grünbleibend und wird ungefähr 60 cm hoch. Die Blätter sind hellgrün, auf der Oberseite runzelig und tief eingeschnitten in drei große Zipfel und zwei kleinere. Die Blüten sind weit trichterförmig, hellrosa mit einem weißen Auge und hübsch violett geadert. Es ist eine elegante Schattenpflanze, die es auf trockenerem Boden auch noch aushält, aber weniger trockenheitsbeständig ist als *G. nodosum*. Es gibt zwei kaum bekannte Sorten:

'Blanche' ist hellrosa, gut auffallend im Schatten.

'Blush', häufiger anzutreffen als die andere, ist mehr lilarosa.

Vermehrung der Sorten durch Stecklinge und, wenn es nicht darauf ankommt, daß die Nachkommen vollständig identisch sind, auch durch Samen. Man halte die besonders schön geaderten Sämlinge getrennt, um diese später gezielt durch Teilung vermehren und erhalten zu können.

G. grandiflorum siehe *G. himalayense*
G. grevilleanum siehe *G. lambertii*

G. himalayense

Synonyme: *G. grandiflorum* und *G. meeboldii*. Eine sehr bekannte Art, stammt, wie der Name sagt, aus dem Gebiet des Himalaya und ist unter verschiedenen Namen im Handel. Trotz des Zuwachses an Gartensorten verdient sie nach wie vor alle Aufmerksamkeit. Sie wächst ganz leicht an beinahe jedem Platz im Garten, in jeder Bodenart, und sie erstickt das meiste Unkraut. Man sollte ihr den gebührenden Raum geben! *G. himalayense* läßt sich auch sehr gut mit anderen Pflanzen kombinieren, ob in der Sonne oder im Halbschatten, überall fügt sich die Pflanze willig ein. *G. himalayense* verliert im Winter sein Laub. Das Blatt ist tief eingeschnitten und färbt sich im Herbst leuchtend. Die ziemlich flachen, tief violettblauen, dunkelrot geaderten Blüten, mit etwas Weiß in der Mitte, sind für ein Geranium sehr groß, bei den besten Formen bis 6 cm Durchmesser, und stehen schön locker an dünnen Stielchen über den Blättern. Die Hauptblüte fällt in den Mai-Juni, später noch eine kleine Nachblüte. Höhe 35 bis 40 cm. Folgende Sorten spielen eine Rolle:

'Baby Blue' ist eine kompakte, reichblühende Form, die nicht höher wird als 30 cm und in der Blütenfarbe mehr Rot enthält.

G. farreri

'Gravetye' (mit dem unkorrekten Synonym *G. grandiflorum* var. *alpinum*) ist die bekannteste Sorte mit noch etwas größeren Blüten, die eine mehr rot angelaufene Mitte haben.
'Irish Blue' hat heller blaue Blüten mit viel Rot in der Mitte. Sie wurde von dem bekannten englischen Gartenexperten G.S. Thomas in Irland gefunden. In England wird die Kombination mit der „Schokoladenpflanze" *Cosmos atrosanguineus* sehr hoch veranschlagt.
'Plenum' (syn. 'Birch Double') bleibt kleiner und wächst schwächer als die anderen Sorten. Die Blüten stehen zwischen doppelt und gefüllt, nicht so gefüllt wie z.B. *G. pratense* 'Plenum Violaceum', sind lilaviolett mit etwas Rötlich und haben die Form einer kleinen Rose. Die Farbe wirkt ein wenig kraftlos. Die Sorte wächst gut auf einem nicht zu trockenen Platz in der Rabatte, in Sonne und Halbschatten.

Alle Sorten werden durch Teilung vermehrt.

G. ibericum

Dieses Geranium kommt nicht von der Iberischen Halbinsel, Spanien und Portugal, sondern aus der Nordostürkei und dem Kaukasus. Es wird oft mit der ebenfalls in dieser Region beheimateten *G. platypetalum* und mit *G.* × *magnificum*, der bekannten Hybride aus beiden, verwechselt. *G. ibericum* ist eine behaarte, ungefähr 40 cm hohe Pflanze mit tief eingeschnittenem Blatt, das aus 9 bis 11 Zipfeln besteht, die jeweils wieder in zahlreiche Segmente unterteilt sind. Die bis 5 cm großen, aufrechten Blüten sind violettblau mit einer Einkerbung in den Blütenblättern und violett geadert. Schöne Herbstfärbung!

Es werden zwei Unterarten erwähnt,

die für Gartenliebhaber allerdings von geringer Bedeutung sind:
subsp. ibericum und **subsp. jubatum**, die behaarter sein sollen als die Art.

Vermehrung durch Teilung und durch Samen.

G. incanum

Diese Art aus Südafrika ist für eine allgemeine Verwendung im Garten nicht winterhart genug. Siehe „Geranium für Liebhaber und Sammler" Seite 32.

'Ivan'

Wo *G. psilostemon* zu groß werden sollte, kann man die Sorte 'Ivan' nehmen. Sie wird 60 cm hoch und hat beinahe so

Oben: *G. ibericum*
Unten: *Geranium* 'Ivan' mit *Clematis recta*

Linke Seite:
G. himalayense (oben), *G. himalayense* 'Plenum' (unten)

intensiv karminrote Blüten wie *G. psilostemon*, vielleicht eine Spur weniger grell, mit einem dunklen Herz. Wahrscheinlich handelt es sich um eine Keuzung mit *G. × oxonianum*, steril und dadurch lange blühend, mit Zwischenpausen von Juni bis September.

Geeignet für die Rabatte, in voller Sonne, auf gutem Boden. Vermehrung durch Teilung im Frühjahr.

'Johnson's Blue'

Rechte Seite: *Geranium* 'Johnson's Blue'

Dieses fabelhafte Geranium ist allgemein bekannt: Es ist eine 40 cm hohe Kreuzung zwischen *G. himalayense* und *G. pratense*, entstanden im Betrieb Moerheim um 1950 und dort gezogen aus Samen englischer Herkunft, der durch A. T. Johnson nach Dedemsvaart geschickt worden war. Die Pflanze blüht verschwenderisch mit 5 cm großen lilablauen Blüten, die zur Mitte hin zunehmend weißer werden. Die Blütezeit geht von Juni bis in den Sommer.

Ein gewisser Nachteil ist nur, daß die Blüte am Ende durch Regen und Wind etwas auseinanderfällt. Das Blatt ist tief eingeschnitten. 'Johnson's Blue' ist eine starke Pflanze und ein kräftiger Wachser. Die Sorte wird nicht selten mit *G. himalayense* verwechselt. 'Johnson's Blue' ist heller blau mit weniger Violett darin und hat ein viel weißeres Herz. Vermehrung durch Teilung.

'Joy'

Auch das ist eine Kreuzung von Alan Bremner, und zwar zwischen *G. traversii* var. *elegans* und *G. lambertii*. Angesichts der Eltern muß man einiges Mißtrauen haben, was die Winterhärte und die Robustheit der Pflanze anbelangt. Beide Eltern sind bei uns in Mitteleuropa nicht echt winterhart und unempfindlich.

Sie wird 40 cm hoch und bildet wintergrüne Büschel schwach marmorierter Blätter, aus denen lange Blütenstengel kommen. Die Blüten sind etwa 3,5 cm groß, schalenförmig und hübsch zartrosa mit dunkleren Adern und einer dunklen Mitte. Die Farbe erinnert an die von Roseneibisch. Die Blütezeit dauert von Mai bis Oktober. Die Sorte braucht einen sonnigen und geschützten Platz, am besten vorn in der Rabatte, wo sie schön über einen steinernen Weg wachsen kann.

Vermehrung durch ganz vorsichtiges Auseinandereißen im Frühjahr oder durch Stengel- bzw. Triebstecklinge. **'Coombeland White'** mit beinahe weißen Blüten und rosa Äderchen ist sehr ähnlich, aber nur sehr selten zu finden.

'Kashmir Blue'

Ein etwas irritierender Name für eine Pflanze, die mehr *G. pratense* als *G. clarkei* gleicht. Die Sorte ist kräftig mit einem ziemlich großen Blatt und mit hellblauen Blüten im Vorsommer, in der Farbe wie 'Johnson's Blue'. Eine hübsche Pflanze, gefunden von Ivan Louette ('Ivan') in Belgien, eingeführt durch „De Bloemenhoek" in De Bilt. Oft wird *G. clarkei* 'Kashmir Purple' unter diesem Namen gehandelt. Vermehrung durch Teilung im Frühjahr.

G. kishtvariense

Roy Lancaster hat diese Art, noch nicht so lange her, aus Srinagar in Kaschmir mitgenommen. Der Wuchs ist charakteristisch: Die Pflanze breitet sich mittels unterirdischer Rhizomausläufer aus und

G. kishtvariense

bildet im Zickzack wachsende, lockere Büschel, die etwa 50 cm hoch werden. Auffallend sind die angeschwollenen Stengelknoten und die Basis der Blattstiele. Die hellgrünen, gerunzelten Blätter sind tief eingeschnitten in fünf scharf gesägte Lappen. Die Blüten sind groß, wie königlicher Purpur, leuchtend rotviolett, violett geadert und mit einem kleinen weißen Herz. Sie wächst auf gutem Boden im Halbschatten, ist aber bestimmt nicht leicht zu ziehen: Trokkenheit verträgt sie ausgesprochen schlecht, Winterschutz ist anzuraten. Vermehrung durch Teilung oder durch Samen.

Ebenfalls aus Kaschmir kommt **G. rubifolium**, das „Brombeerblättrige" Geranium, das der obigen Art stark ähnelt, aber höher wird und von dem man sagt, daß es keine Feuchtigkeit im Winter verträgt. Alan Bremner hat es mit *G. sessiliflorum* 'Nigricans' gekreuzt: Der daraus entstandene Nachkomme heißt **'Aria'**, eine Gebirgspflanze mit farbigem Blatt und mit rosa Blütchen. Weitere Angaben fehlen noch.

G. lambertii

Synonym: *G. grevilleanum*. Eine Schönheit, aber mit Temperament, wie sich nach einer gewissen Anfangszeit herausstellt. Wenn sie den Winter überlebt hat, bildet sie ein großes Bündel Blätter, aus dem lange Stengel wachsen, die sich gern durch niedriges Gezweig schlängeln. Das hat in diesem Fall den Vorteil, daß man die hängenden Blüten besser sehen kann – und das verdienen sie auch! Sie sind schalenförming, ganz zart hellrosa mit einer dunkleren Aderung und einer dunkelroten Mitte. Die Blätter sind weich behaart, etwas runzelig und in fünf Zipfel geteilt. Die Blütezeit geht von Juli bis Ende August. Es ist keine Pflanze, die durch ihre überreiche Blüte sofort auffällt, sie ist bescheiden und vornehm. **'Swansdown'** ist eine weißblühende Sorte (deutsch: Schwanendaune).
'Salomé' ist eine außergewöhnlich interessante Kreuzung zwischen *G. lambertii* und *G. procurrens*, gefunden von Elizabeth Strangman in England. Dieses Geranium wächst mit schlingenden Zweigen dicht über dem Boden und blüht im Sommer mit fremdartig gefärbten, stumpf lilarosa Blüten, die ausgesprochen dunkelviolett geadert sind und ein schwarzes Herz haben. Schön, apart, aber schwierig über den Winter zu bringen, vor allem auf nassem Boden.

Die Vermehrung von *G. lambertii* erfolgt durch Samen, die der beiden Sorten durch sehr vorsichtiges Teilen im Frühjahr oder durch Stecklinge.

G. libani

Im Herbst, nach der Sommertrockenheit, kommt das tief geteilte, glänzende Blatt der aus dem Libanon und der Südtürkei stammenden Art zum Vorschein, dem im

Frühjahr 4 cm große, violettblaue Blüten mit eingekerbten Blütenblättern folgen. Nach der Blüte stirbt die Pflanze ganz ab, und an der Stelle, wo sie gestanden hat, entsteht in der Rabatte eine Lücke, so wie z.B. auch bei *Papaver orientale*.

Im Süden Griechenlands kommt eine fast gleich aussehende Art vor, **G. peloponnesiacum**, die etwas höher wird.

Beide Arten haben ein knollenartiges Rhizom, das sehr gut gegen Trockenheit gewappnet ist und in der Ruheperiode geteilt werden kann. Höhe von *G. libani* 35 cm, von *G. peloponnesiacum* 60 cm.

G. × lindavicum

Wenn man *G. argenteum* mit *G. cinereum* kreuzt, entsteht *G. × lindavicum*, ebenso wie die Eltern eine Steingartenpflanze mit dem Habitus von *G. argenteum* und den Blüten, vor allem in der Farbintensität, von *G. cinereum*. Es gibt verschiedene Sorten, an die man nur schwer herankommt und die im Winter viel Sorge bereiten. Sie müssen immer mit einer Glasscheibe abgedeckt werden, damit sie gegen Winterregen geschützt sind.

'Alanah' ist reichblühend mit rotvioletten Blüten über silbrigem Blatt.

'Apple Blossom' mit glänzenden, ganz hellrosa Blüten, die fast keine Adern haben, ein Bonbon, wenn man es ganz aus der Nähe betrachtet.

'Lissadell' ist die kleinste unter diesen Sorten, mit tief violettroten Blümchen.

'Purpureum' ist wahrscheinlich identisch mit 'Alanah'.

Die Vermehrung erfolgt – mühsam – durch Stecklinge; 'Apple Blossom' neuerdings auch durch Gewebekultur, dadurch jetzt etwas leichter erhältlich.

'Little Gem' siehe *G. × riversleaianum* 'Little Gem'

G. macrorrhizum

G. macrorrhizum

Wenige Geranium haben ein so breites Spektrum von Verwendungsmöglichkeiten wie der Felsen-Storchschnabel, der wild in den Südalpen und auf dem Balkan wächst. Es ist eine äußerst zuverlässige Art, völlig winterhart, meistens wintergrün, lebenskräftig auch im trockenen Schatten und sehr einfach zu vermehren. Für die großflächige Bodenbedeckung gibt es keine bessere, da kann sie sich frei entwickeln und gut wuchern.

Oben: *G. macrorrhizum* 'Spessart'
Unten: *G. macrorrhizum* 'Czakor'

G. macrorrhizum wird ungefähr 40 cm hoch und wächst aus einem Rhizomsystem mit vielen unterirdischen Ausläufern sich nach allen Seiten ausbreitend und bildet mit der Zeit eine dichte Matte, die kein Unkraut mehr aufkommen läßt. Die klebrig behaarten Blätter sind mehr oder weniger rund mit breiten Lappen und riechen nach dem Empfinden der meisten Menschen angenehm, einige sagen nach *Rosa rubiginosa* oder nach Rhabarber. Das Maß, in dem dieses Geranium mit seinen verschiedenen Vertretern wintergrün ist, hängt offenkundig von der geographischen Herkunft ab: Stammt die Form von einer im Norden des Verbreitungsgebietes selektierten Pflanze, verliert sie die Blätter eher als Pflanzen, die weiter im Süden ihren Ursprung haben. Zu unserem Glück wurden die interessantesten Formen im südlichen Verbreitungsgebiet gefunden: Mazedonien und Bulgarien. Die Blüten stehen in Trugdolden über den Blättern und haben einen auffallend aufgeblasenen Kelch, der mitbestimmend für die Blütenfarbe ist.

Es wird eine sehr große Zahl von Sorten kultiviert. Die anfänglich verwirrende Namensgebung wurde durch Gert Fortgens nun endlich bereinigt und korrigiert. Es muß abgewartet werden, ob dies im Ergebnis allgemein übernommen wird.

Die wichtigsten größeren Sorten sind:
'Album' ist die bekannte weißblühende Art mit einem hellroten Kelch, wodurch die Blüten aus der Distanz blaßrosa aussehen. Gut wintergrün.
'Spessart', eine Selektion aus 'Album' mit weißen Blüten, die einander überlappende Blütenblätter haben. Ausgelesen von Dr. Simon.
'Bevan's Variety' wächst kräftig und hoch (50 cm), die Blütenstiele weit über das Blatt herausragend. Die Blüten sind tief rotrosa, zusammen mit den roten Kelchblättern von fast schreiender Farbe.
'Czakor' ist von der vorigen beinahe nicht zu unterscheiden, vielleicht die Blüten noch etwas intensiver gefärbt.
'Ingwersen's Variety' wächst viel kompakter mit hellgrünem Blatt, das schöne Herbstfarben bekommt. Die Blüten sind angenehm hellrosa.
'Ridsko' hat ein nahezu unbehaartes und geruchloses Blatt und rotviolette Blüten. Im Winter gänzlich blattverlierend. Dieses Geranium kann man entbehren. Es ist im Winter eine steife Angelegenheit.

Kleinerbleibende Sorten:
'Pindus' und **'Velebit'** ähneln einander sehr stark mit ihren tief rotrosa Blüten, in der Farbe etwa wie 'Bevan's Variety'. 'Pindus' hat einen fast runden, zwiebelförmigen Kelch.

Vielversprechend, aber noch zu wenig bekannt sind:
'Doppeldecker', sehr gut blatthaltend, daher der Name.
'Walter Radloff', gedrungen wachsend und nicht blühend.
'Variegatum' ist eine Besonderheit, nämlich buntblättrig: cremeweiß, grau und in zwei Grüntönen gefleckt. Die Blüten sind rosarot. Die Sorte ist schwachwachsend und hat mehr Sonne und Feuchtigkeit nötig als die anderen. Im Gegensatz zu England ist man bei uns nicht so wild auf diese Buntblättrigkeit.

Alle *G. macrorrhizum*-Sorten werden durch Rißlinge vermehrt.

G. macrostylum siehe *G. tuberosum*

G. maculatum

Diese Art kommt aus Nordamerika und ist leicht zu erkennen an ihrem dicken Wurzelstock mit Ausstülpungen und ihren ziemlich großen Blättern, die bei-

G. maculatum

nahe bis an den Blattgrund in 5 bis 7 weit auseinanderstehenden Lappen eingeschnitten sind. Die Höhe variiert von 40 bis 60 cm. Die zum Beschauer gewendeten Blüten sind flach schalenförmig und in der am häufigsten vorkommenden Farbe hell lilarosa mit einem weißen Herz. Es kommen auch Pflanzen mit rotvioletten oder weißen Blüten vor. Ende April, wenn die Blätter der Funkien (*Hosta*) sich entfalten, blüht sie bereits auf einem feuchten Platz in der Sonne oder im Halbschatten und schafft eine gelungene Frühlingsecke.

'Album' ist eine straff aufrechte weiße Sorte mit kleinen Blüten.

'Chatto' wird die hell lilarosa Form meistens genannt.

'Shameface' stammt von dem niederländischen Sachkundigen Dhr. Walsweer. Sie hat rotviolette Blüten.

G. maderense siehe *G. canariense*

G. × magnificum

Sicher eines der bekanntesten und schönsten Geranium, eine sterile Hybride zwischen G. *platypetalum* und *G. ibericum* subsp. *ibericum*. Wie und wann sie entstanden ist, weiß niemand mehr; das ist auch unwesentlich, wenn man sie im Mai und Juni blühen sieht. Aus dem Staudenbüschel breit eingeschnittener, weichzottiger Blätter kommen 60 cm hohe Blütenstiele mit einer reichlichen Menge großer blauvioletter Blüten, die dunkelviolett geadert sind. Die Blüte ist wohl üppig, aber kurz, und eine Nachblüte bleibt aus. *G. × magnificum* ist eine klassische Pflanze des Bauerngartens. Die Kombination mit *Alchemilla mollis* ist fast unerläßlich und unübertroffen: das Grüngelb mit dem Blauviolett! Die Wuchskraft ist groß, deshalb sollte man darauf achten, daß die

G. × magnificum

Blatt von *G. malviflorum*, links im März, rechts im November

benachbarten Pflanzen nicht „verschlungen" werden. Man kann dieses Geranium nahezu überall verwenden, auch Trokkenheit wird gut vertragen. Vermehrung durch Teilung.

G. malviflorum

Aus ziemlich großen Knollen in der Erde kommen im Herbst, nach der Sommerruhe, Blätter zum Vorschein, die bis an die Blattbasis eingeschnitten und nochmals gefiedert sind. Bereits Ende April kann man die prächtigen violettblauen Blüten erwarten, mit Blütenblättern, die einander überlappen und stark geadert sind. Die Blüten sind etwa 4 cm groß. Nach der Blüte stirbt die ganze Pflanze ab und die Knollen überleben den Sommer im Boden, ebenso wie *G. tuberosum* und *G. macrostylum*. Mitunter will *G. malviflorum* nicht blühen und bildet nichts als Blätter: Wahrscheinlich ist der Standplatz dann nicht sonnig und trocken genug. Man sollte einen Platz in einem großen Steingarten oder an anderer gut wasserabziehender Stelle suchen. Höhe der Pflanze in Blüte etwa 30 cm. Das Vermehren geschieht durch Aufnehmen, Auseinanderziehen und erneutes Pflanzen der abgeteilten Knollen im Sommer während der Ruheperiode.

'Mavis Simpson' siehe *G.* × *riversleaianum* 'Mavis Simpson'
G. × *monacense* siehe *G. phaeum*

G. nepalense

Ein regelrechtes Unkraut, stammt aus Afghanistan und dem östlichen Himalaya. Es sollte aus gepflegten Gärten ferngehalten werden. Es ist eine von den Pflanzen, die man als Samen unter dem Namen *Geranium* sp. (sp. = species) bekommt und dann nicht wieder los wird. Die Art ist leicht zu erkennen: eine nach allen Seiten wachsende, mit ihren Stengeln dem Boden aufliegende Pflanze mit wintergrünen, dunkleren Blättern, die mit kastanienbraunen Flecken überdeckt sind. Die Blüten sind klein und unbedeutend, hellrosa. Eine fast gleiche Art ist **G. thunbergii** aus Nordchina und Japan. Beide sollte man meiden wie die Pest!

G. nervosum siehe *G. viscosissimum*

'Nimbus'

Eine Kreuzung zwischen *G. collinum* und *G. clarkei* 'Kashmir Purple'. Für manche von den neuen Geranium mag die Frage erlaubt sein, ob sie wirklich erforderlich

Geranium 'Nimbus'

sind. Bei 'Nimbus' aber gibt es keine Diskussion: Sie ist ein Gewinn für das Sortiment. Die Schönheit beginnt schon beim Blatt. Im Frühjahr treibt es hellgrün aus, um im Laufe des Sommers kräftig grün zu werden. Es ist sehr fein gefiedert, fast wie ausgestanzt. Die Blüten sind blauviolett, fein geadert, mit einem kleinen weißen Herz; die Blütenblätter sind schmal, dadurch kann man durch die Blüte hindurchsehen. 'Nimbus' gehört zusammen mit 'Brookside', 'Spinners' und 'Amy Doncaster' in die Reihe der besten blaublühenden Geranium. Sie wird 60 cm hoch, gut 100 cm breit und blüht im Mai bis Juli.
'Blue Cloud' ist ein blaßblauer Sämling von 'Nimbus'.

Vermehrung durch Teilung.

G. nodosum

Eine recht bekannte, charakteristische Art mit glänzend grünen, unbehaarten Blättern an dünnen, aber doch kräftigen Stielen. Die Blätter sind tief eingeschnitten in 3 große und 2 kleine Lappen. Die Blüten an unregelmäßig gegabelten, 30 cm hohen Blütenstielchen sind ziemlich klein, trichterförmig und lilarosa gefärbt. Die Blütenblätter sind geadert und eingekerbt. Dieses Geranium ist ein idealer Bodenbedecker für Trockenheit und tiefen Schatten, das sich aussät, aber nicht so schnell wächst wie *G. macrorrhizum* und darum auch für kleinere Gärten geeignet ist. *G. nodosum* stammt aus Mittelitalien und Nordjugoslawien. Man unterscheidet drei Sorten, die alle noch so gut wie unbekannt sind:
'Svelte Lilac' ist blaß lilarosa.
'Svelte Purple' ist ein wenig dunkler.
'Whiteleaf' ist dunkel lilarosa mit einem auffallenden, beinahe weißen Rand. Vielversprechend.

'Nora Bremner'

Wenn diese neue Hybride mit unserem Klima zurechtkommen sollte, dann hat sie das Zeug, zu einem der meistbegehrten Geranium zu werden, die wir haben. Die Eltern, *G. rubifolium* und *G. wallichianum* 'Buxton's Variety', machen aber darauf leider wenig Hoffnung. Sie hat ungemein große, prächtig zart violett-

G. nodosum

Geranium 'Nora Bremner'

blaue Blüten mit einer großen weißen Mitte, bis 4 cm Durchmesser und mit schmalen Blütenblättern. Leuchtend! 'Nora Bremner' kommt aus der Hand von Alan Bremner. (Der Name ist des öfteren im Spiel, wenn es um gute neue Sorten geht.) Die größten Erfolgschancen hat sie wohl an einem geschützten, halbschattigen Platz, wo sie im Sommer vor allem nicht trocken werden darf. Höhe 50 cm, blüht im Sommer und Nachsommer. Vermehrung durch Stecklinge im Frühjahr, aber sehr schwierig. Es sieht ganz danach aus, daß dieses Geranium immer eine gesuchte Pflanze bleiben wird. In meiner Staudengärtnerei hoffen wir, sie um die Jahrhundertwende anbieten zu können.

G. orientalitibeticum

Hinter diesem langen Namen versteckt sich eine aus Südwestchina stammende Geröllpflanze, die fälschlich auch als *G. stapfianum* 'Roseum' gehandelt wird. Munter wuchert sie mit unterirdischen, dünnen, braunen Ausläufern und kleinen Knollen durch den Steingarten, wo sie, wenn man nicht aufpaßt, schnell zu einem lästigen Unkraut werden kann. Die stark marmorierten Blätter und die flachen, tief rosaroten Blüten mit dem weißen Herz sind aber in jedem Fall eine Freude. Höhe 20 cm, blüht im Sommer. Für einen sonnigen Platz am Rande des Beetes oder in einem Topf. **G. pylzowianum** ist etwas kleiner. Vermehrung der kleinen Knollen im Frühjahr.

G. × oxonianum

Früher wurden alle Kreuzungen zwischen *G. endressii* und *G. versicolor* als Sorten von *G. endressii* bezeichnet: dabei scheint *G. endressii* (siehe dort) kaum echt in Kultur zu sein. Nun müssen all die Sorten *G. × oxonianum* zugeordnet werden. Merkmale beider Eltern finden sich bei diesen wieder. Die braun gefleckten Blätter lassen an *G. versicolor* denken, die Blütenfarbe kommt in den meisten Fällen von *G. endressii*. Die Kreuzung ist im Botanischen Garten Oxford in den 60er Jahren entstanden und benannt worden. In jedem Fall sind es starke, winterharte Pflanzen, die ein großes Anpassungsvermögen besitzen und geringe Ansprüche an den Standort stellen. Auch im Schatten bilden sie eine dichte, mehr oder weniger wintergrüne Blattmasse, die sich recht aggressiv ausbreiten kann und unerwünschten Kräutern keine Chance läßt. Nach der Hauptblüte im Juni sackt die Pflanze in sich zusammen, baut rasch ab, wird unordentlich und muß zurückgeschnitten werden; rasch kommen dann neue, frischgrüne Blätter und auch wieder einige Blüten.

Die Zahl der Sorten beträgt gegenwärtig beinahe 40, so daß man sich fragen kann, ob das nicht genug ist. Vielleicht sollte man ein paar von den älteren Sor-

ten durch gute neue ersetzen. Es werden ja in den nächsten Jahren noch mehr kommen!

Aus dem gesamten Angebot zunächst die bekannteren Sorten:
'A.T. Johnson'. Eine bekannte Sorte, die nicht so ungestüm wächst und deshalb gut in der Rabatte zu verwenden ist. Die Höhe liegt bei 30 cm, die Blüten sind von einem warmen Hellrosa, das bei einem bestimmten Lichteinfall silbrig zu schimmern scheint.
'Claridge Druce' ist eine recht wildwachsende, mitunter beinahe klimmende Pflanze, die bis gut 70 cm hoch werden und sehr aggressiv sein kann. Die großen Blätter sind dunkelgrün und etwas glänzend. Die Blüten, rotrosa mit deutlich dunkleren Adern, sind ausgesprochen hübsch. Wächst überall, auch in tiefem Schatten und wo es trocken ist.
'Hollywood' ist eine kleiner bleibende Version der vorgenannten, weniger aggressiv, mit großen hellrosa Blüten, die von stark rötlichen Adern durchzogen sind. Eine schöne, kräftige Pflanze, wo sie den richtigen Platz hat. **'Lady Moore'** mit violettrosigen Blüten und **'Summer Surprise'** in warmem Dunkelrosa sehen ihr ähnlich.
'Rebecca Moss', ganz ohne Adern, zartrosa und in der Sonne silbrig schimmernd. Diese neue Sorte, die ebenso leicht wie die anderen wächst, ist ein Gewinn. Höhe 40 cm.
'Rose Clair'. Wahrscheinlich sind alle Pflanzen unter diesem Namen nicht korrekt benannt. Die echte muß eine mäßig wachsende Pflanze mit rotrosa Blüten ohne Aderung sein.
'Thurstonianum'. Diese Kuriosität hat sternförmige Blüten mit ganz schmalen, rotvioletten Blütenblättern. Ein bester Wachser, bis 50 cm hoch. Hellrosa Blüten mit noch schmaleren Blütenblättern hat **'Sherwood'**, auch **'David McClintock'** mit geaderten rosa Blüten ist ähnlich. **'Southcombe Star'** gehört zur gleichen Kategorie.
'Walter's Gift' ist vor allem eine Blattpflanze. Sie ist glänzend grün, in der Mitte des Blattes dicht rotbraun gefleckt, zum Blattrand hin allmählich weniger intensiv werdend. Die kleinen Blüten sind hellrosa mit auffallend dunkleren Adern wie bei *G. versicolor*.

Links und rechts:
G.× *oxonianum*
'Claridge Druce'

'Wargrave Pink'. Kräftig wachsende Pflanze mit Blüten von einem unverkennbaren Lachsrosa, bis 60 cm hoch. Lachsrosa ist ein schönes Wort für Orangerosa, eine Farbe, die nicht jeder in ihrem Wert zu schätzen weiß. Bei **'Wageningen'** ist die Farbe noch etwas intensiver, der Wuchs kompakter.

'Winscombe' gleicht im Wuchs *G. endressii*, die Blüten verfärben sich jedoch während der Blüte von ganz hellrosa nach tiefrosa. Beachte: Das ist das Gegenteil von dem, was normalerweise bei anderen Blumenblättern eintritt. Die verfärben sich eigentlich immer von Dunkel nach Hell. Wenn 'Winscombe' in voller Blüte steht, gibt ihr die Zweifarbigkeit ein lebendiges und fröhliches Aussehen. Es ist eine mäßig wachsende Pflanze, etwa 35 cm hoch, die es in strengen Wintern schwer hat.

Oben: *G.× oxonianum* 'Thurstonianum'
Unten: *G.× oxonianum* 'Rose Clair'

Vielversprechende Sorten sind:
'Frank Lawley', niedrig bleibend, mit großen blaßrosa Blüten.
'Julie Brennan', wie 'Claridge Druce', aber mit noch stärker geaderten Blüten.
'Lacetime', *G. versicolor*-artig, mit rosaweißen Blüten.
'Lambrook Gillian', ganz blaßrosa.
'Miriam Rundle', violettrote Blüten und blaßgrünes Blatt, kleinbleibend.
'Old Rose', wie 'Winscombe', aber mit dunkleren Blüten, die von hell- nach dunkel rotviolett verfärben.
'Phoebe Noble', dunkel rotrosa, die dunkelste *G.* × *oxonianum*-Sorte.
'Rosenlicht', rotrosa in einer harten Schattierung.

Gibt es auch schon eine weiße Sorte? Im Handel befindet sich eine beinahe weiße, die aber noch nicht offiziell benannt ist. Erwähnt sei auch eine halbgefüllte, **'Southcombe Double'**, lachsrosa und nicht so hart.

Alle *G.* × *oxonianum*-Sorten werden durch Teilung vermehrt; durch Samen ist meist unerwünscht, weil sie untereinander zu bereitwillig kreuzen und damit ein undefinierbares Sortengemisch ergeben.

'Pagoda' siehe *G. sinense*
G. palmatum siehe *G. canariense*

G. palustre

Der Sumpf-Storchschnabel, in Mittel- und Osteuropa zuhause, wächst entgegen seinem Namen auch gut an trockeneren Standorten. Er ist eine locker um sich wachsende Pflanze, nicht viel höher als 40 cm, mit langen, nicht wurzelnden Ausläufern. Die Blüten sind flach trichterför-

G. palustre

Oben: *Geranium* 'Patricia'
Rechte Seite: *G. phaeum*

mig, magentarot, aber ohne die Farbkraft und Austrahlung von *G. psilostemon*. Uncharakteristisches Blatt, tief eingeschnitten in 5 bis 7 Lappen. Eigentlich ist dies eine Pflanze „ohne Eigenschaften", die einen Platz im Naturgarten bekommen und in der Wiese verwildern kann. Vermehrung durch Samen, die reichlich gebildet werden.

'Patricia'

Diese Kreuzung zwischen *G. endressii* und *G. psilostemon* von Alan Bremner vereinigt die besten Eigenschaften beider Eltern: die nahezu ununterbrochene Blüte der ersten mit der Farbintensität und Blütengröße der zweiten. Die Blütenfarbe ist ein bißchen weniger grell, es sitzt etwas mehr Rosa drin, der Eindruck aber bleibt derselbe. Die Pflanzen werden 75 cm hoch und haben ebenso wie *G. psilostemon* große, breit gelappte Blätter. Eine ausgezeichnete Rabattenpflanze, die bis in den November hinein blüht. Vermehrung durch Teilung im Frühjahr.

G. peloponnesiacum siehe *G. libani*

G. phaeum

Der Braune Storchschnabel, hier und da auch „Trauernde Witwe" genannt, hat seine Hauptverbreitung in Mittel- und Südeuropa. Viele kennen diese Art, eine starke, kräftig wachsende Pflanze, die 80 cm hoch werden kann. Sie hat einen dicken Wurzelstock, aus dem die nur wenig eingeschnittenen Blätter mit 7 bis 9 Lappen wachsen. Diese sind haarig und haben oft braunviolette Flecke an der Basis der Blattlappen. Die Blüten sind rund und nahezu flach, 2 cm im Durchmesser und bei der Art dunkel violettbraun mit einem kleinen, weißlichen Zentrum an langen, geraden Stielen, die über dem Blatt stehen. Nach der Blüte wird überreich Samen gebildet, so daß die Art in einem gepflegten Garten zu einem lästigen und nur schwer zu entfernenden Unkraut werden kann. Man sollte sie daher nur in einem Wildgarten als Semibodenbedecker im Schatten (auch Trokkenheit wird gut vertragen) verwenden. Blütezeit von Anfang Mai bis in den Juni, ohne nennenswerte Nachblüte.

Zu den besseren Sorten gehören: **'Album'** mit schönen reinweißen Blüten, die größer sind als die der Art. Das Blatt ist hellgrün. Sehr geeignet, eine dunkle, schattige Stelle im Garten aufzuhellen. **'Lily Lovell'** wurde in England von Trevor Bath, einem Geraniumkenner, gefunden. Über großen Büscheln hellgrüner Blätter stehen an langen Stielen die großen, tief mauveblauen Blüten. Sie wird 100 cm hoch und kann als eine von den Besseren angesehen werden.

G. *phaeum* 'Samobor'

var. lividum ist eine kleine, 50 cm hohe Varietät mit kleineren Blättern und kleinen graulila Blüten, in der Farbe von *Campanula* × *burghaltii*. Die neue *G. phaeum* **'Stillingfleet Ghost'** ist eine Verbesserung davon. *G. phaeum* **'Joan Baker'**, groß, blaß violettlila, ist daraus ausgelesen.
var. lividum 'Majus' ist ähnlich wie die vorgenannte, nur ein Stück größer und etwas dunkler in der Blüte. Auch *G. phaeum* **'Langthorn Blue'** liegt in dieser Farbgruppe, etwas mehr violett.
'Samobor' wurde von Elizabeth Strangman im vormaligen Jugoslawien gefunden. Ohne Zweifel ist das eines der schönsten Geranium, die ihres Blattes wegen kultiviert werden. Es ist dunkelgrün, groß und haarig, mit einem breiten, schwarzbraunen Band halb über das Blatt. Die Blüten sind wie bei der Art violettbraun. Sie ist geeignet für einen nährstoffreichen, feuchten Platz, wo die Pflanze zu tropischer Üppigkeit auswachsen kann.
'Taff's Jester',**'Maggie's Delight'** und **'Variegatum'** haben alle drei ein buntes Blatt, das mehr oder weniger gelblich, creme oder blaßgrün gesprenkelt, gestreift oder gefleckt ist. Ob das jedermann gefällt, ist glücklicherweise eine Frage des Geschmacks.

Noch unbekannter, aber der Mühe wert, sie zu probieren:
'Calligrapher' mit zugespitzten, stark welligen Blütenblättern und einer auffallend violetten Mitte.
'Rose Madder' ist sehr apart bräunlich rosarot, wie bei der Färberröte (*Rubia tinctorum*), auch Krapp genannt.

G. × monacense ist verwandt mit *G. phaeum* und diesem in vielem gleichend. Eine Gartenhybride aus *G. phaeum* und *G. reflexum*, gefunden in der Gegend von München (= monacense). Der Habitus dieser Pflanze gleicht dem von *G. phaeum*, die Blüten sind klein, matt rosalila mit beinahe völlig zurückgeschlagenen Blütenblättern. Verwendung wie *G. phaeum*. Es gibt *G.* × *monacense* **'Muldoon'**, eine Selektion mit reichlich braun gefleckten Blättern, die sich im Herbst stark verfärben. Zur Vollständigkeit noch zwei Formen, denen man dann und wann begegnen kann: *G.* × *monacense* **nothovar. monacense** mit kleinen rotvioletten Blüten und die beinahe gleiche *G.* × *monacense* **'Eric Clement'**. Auch *G. reflexum* wird oft als eine Varietät von *G. phaeum* gesehen.

Alle *G. phaeum*-Varietäten und -Sorten werden durch Teilung vermehrt.

'Philippe Vapelle'

Etwa gleichzeitig haben in Belgien und in England zwei Personen dieselbe Kreuzung zwischen *G. platypetalum* und *G. renardii* durchgeführt, mit demselben Resultat: eine größere, blauviolett blühende *G. renardii* mit eingekerbten Blü-

tenblättern. Das Blatt ist etwas grüner und weniger fühlbar rauh. Diese schöne, im Sommer blühende Sorte wird ungefähr 40 cm hoch.
'Tschelda', wild gefunden von Dr. Simon, hat dieselben Eltern. Die Blüten sind ein bißchen größer und blaßlila.

Vermehrung durch Teilung im Frühjahr.

G. platyanthum

Synonym: *G. eriostemon*. Eine hübsche, haarige Pflanze mit großen Blättern, stammt aus Westchina, Korea und Japan und wird 50 cm hoch. Das Blatt, das dem von Stockrosen ähnelt, ist bis zur Hälfte eingeschnitten in 5 Lappen, haarig und runzelig und im Herbst rot verfärbend. Im Vorsommer blüht die Pflanze in dichten Trugdolden mit flachen, mittel lilablauen Blüten in einer etwas flauen, schwer zu beschreibenden Farbe. In erster Linie eine Blattpflanze für Sonne und Halbschatten unter Bäumen und im wilden Garten. Es gibt Farbvarianten in Weiß und in Blauviolett.

Vermehrung durch Samen oder durch Teilung des dicken, kompakten Wurzelstocks.

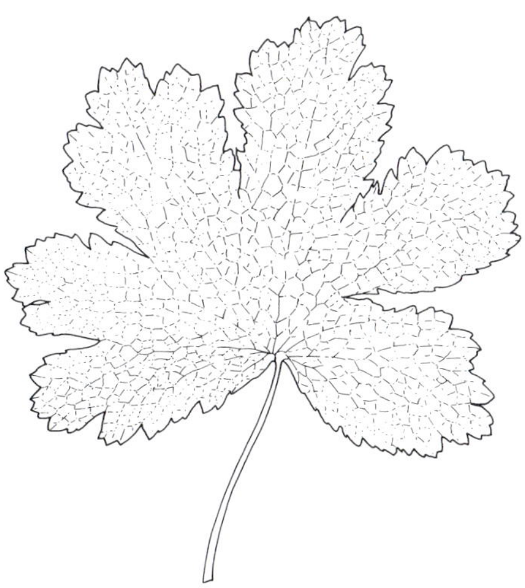

Oben: *Geranium* 'Philippe Vapelle'
Unten links: *Geranium* 'Tschelda'
Unten rechts: *G. platyanthum*

G. × *magnificum*
Unten: Die Blattformen der Kreuzung
G. platypetalum × *G. ibericum* = *G.*×*magnificum*

G. platypetalum

In der Linie von *G. ibericum* und ebenso haarig ist die aus dem Kaukasus und der Nordtürkei stammende Art, die etwa 40 cm hoch wird. Die gerunzelten grünen Blätter sind elegant rund, bis zur Hälfte eingeschnittten in 7 bis 9 Zipfel. Im Vorsommer erscheinen die nahezu flachen, großen, tiefviolettblauen Blüten, die ein feines Netzwerk von dunkleren Adern haben. Den Blüten ist durch diese Aderung eine gewisse Düsterheit eigen. Der schönste Platz für diese Pflanze ist der lichte Schatten neben kleinen *Alchemilla*. Die bekannte Hybride *G.* × *magnificum* ist eine Kreuzung dieses Geranium mit *G. ibericum*; früher war diese Hybride zu Unrecht als *G. platypetalum* geführt worden, aber heute ist fast jeder Gärtner auf dem laufenden und mit dem richtigen Namen vertraut. Vermehrung durch Samen oder durch Teilung im Frühjahr.

G. pogonanthum

Eigentlich ist diese Art zu schwierig, zu anspruchsvoll für die allgemeine Gartenkultur. Sie kommt aus dem südwestlichen China und Nordbirma, wird bei uns 50 cm hoch und hat zarte, hängende Blüten, bei denen die ganz hellrosa schma-

G. platypetalum

G. ibericum

G.× magnificum

len Blütenblätter wie bei einem *Cyclamen* zurückgeschlagen sind, mit einem herausragenden roten Bündel Staubfäden und violettschwarzen Staubbeuteln. Das Blatt ist tief geteilt und grüngelb marmoriert. Eine delikate Schönheit für einen geschützten Platz auf feuchtem Grund im Halbschatten. Blüht im Sommer.
G. yunnanense hat gleiche, aber größere Blüten, bei denen die Blütenblätter nicht zurückgeschlagen sind. Noch schwieriger zu kultivieren.

Vermehrung beider Arten durch Samen oder sehr vorsichtiges Teilen im Frühjahr.

G. pratense

Der Wiesen-Storchschnabel hat ein sehr großes Verbreitungsgebiet, von Europa bis an den Westen von China. Unter allen Geranium ist er einer der größten. Es ist eine Vielzahl von Sorten bekannt, die sich z. T. lästig aussäen können; die jungen Pflanzen sind aufgrund ihres umfangreichen Wurzelsystems schwierig auszujäten. Die gefülltblühenden Formen sind steril, ihre Wuchskraft ist oft enttäuschend. Außerdem sind sie für Falschen Mehltau anfällig. Die Art, einfachblühend und kräftig, kann man an geeigneten Plätzen im Garten verwildern lassen. *G. pratense* in seiner ursprünglichen Form und die meisten Sorten werden zwischen 80 und 125 cm hoch, haben ein gesundes Blatt, das tief in 7 bis 9 Zipfel eingeschnitten ist. Die Blüten im Juni sind ziemlich flach, etwa 4 cm groß und hellblau. Eine Auswahl aus den vielen Sorten:
'Galactic', schneeweiß mit hellgrünem Blatt, ein Albino (ohne Anthocyan).
'Mrs. Kendall Clark', prächtig hell lavendelblaue Blüten mit einer gräulichen Schattierung, die durch die starke weiße Aderung verursacht wird. Ihr Schwachpunkt ist, daß sie nicht von sich aus aufrecht stehen bleibt. Man sollte ihr starke Nachbarn geben, an die sie sich anlehnen kann. Höhe 100 cm.
'Rose Queen', hell lilarosa Blüten, bei denen vor allem die orange Staubblätter auffallen.
'Silver Queen'. Die Tiefe der Blütenfarbe wechselt mit der Temperatur: bei warmem, sonnigem Wetter hell lila, bei Kälte und Regen viel dunkler. Die Staubbeutel

G. pratense mit *Veratrum californicum*

G. pratense
'Mrs. Kendall Clark'

auf den Staubfäden sind hier auffallend schwarz.
'Striatum' (syn. 'Bicolor') ist seltsam blau gestreift und gesprenkelt auf weißem Untergrund, doch hat jede Blüte ein anderes Muster. An derselben Pflanze können auch einfarbig blaue oder weiße Blüten vorkommen. Eine Kuriosität.

Die gefülltblumigen Formen sind schon sehr lange in Kultur und können nur durch Teilung vermehrt werden. Richtig bequem sind sie nicht. Ihr Platz ist eine gut betreute Rabatte, wo sie sich frei entfalten, aber auch in Grenzen gehalten werden können. Es sind drei, die alle ungefähr 80 cm hoch werden:
'Plenum Album', gefüllt weiß mit ein wenig Lila, Blüten recht klein, Wuchs temperamentvoll, fast nicht erhältlich.
'Plenum Caeruleum', gefüllt hellblau mit Lila.
'Plenum Violaceum', gefüllt dunkel violettblau, zur Mitte hin röter werdend.

Einige sehr neue Sorten:
'Eva', Kreuzung mit *G. psilostemon*, Blüten samtig violettrot.
'Harmony', Kreuzung mit *G. collinum*, hoch, mit köstlich lila Blüten.
'Distant Hills' ist identisch.
'Primadonna', Kreuzung mit *G. clarkei*, prächtig großblumig, sanftblau.
'Yorkshire Queen', weiß mit einer dichten violetten Aderung.
'Elizabeth Yeo', genaugenommen *G. pratense* subsp. *stewartianum* var. *stewartianum* 'Elizabeth Yeo', scheint eine der besten frühblühenden Geranium für die Rabatte zu werden. Ihre Blüten sind rosarot mit Lila, eine starke Farbe.

G. procurrens

Diese bei uns kaum winterharte Art kommt aus Nepal und Sikkim und ist Elter einer Anzahl wertvoller Sorten wie 'Ann Folkard' und anderen. In einem milderen Klima wächst sie mit großer Energie wie eine Erdbeere über alle Kanten und wurzelt, wo die dünnen Stengel den Boden berühren. An den Stengeln sitzen kleine, verschwommen marmorierte und tief eingeschnittene Blättchen. Von Juli ab sieht man die kleinen, düster lilarosa-violetten Blüten mit einer beinahe schwarzen Mitte. Man pflanzt *G. procurrens*, wo das Klima es zuläßt, unter Sträuchern, wo es den Boden schnell bedeckt. Höhe 30 bis 40 cm. Man vermehrt durch Gewinnung der jungen Pflänzchen.

G. psilostemon

Die beste und auffälligste Art für die Rabatte. Ihre guten Eigenschaften wurden weiter vorne schon an verschiedenen Stellen gepriesen. Dieses Geranium kommt aus der Nordosttürkei und dem angrenzenden Armenien. Mit seinen großen, breiten Blättern und der reichen Blüte im Somer steht es im Mittelpunkt der Rabatte, wo die leuchtende Farbe ihre Wirkung nicht verfehlt. Die Blütenfarbe ist strahlend karminrot oder magenta, rotviolett (so lauten einige der Definitionen). Im Frühjahr kommt die Pflanze mit lachsroten Triebspitzen aus dem Boden und entwickelt sich danach zu einer 120 cm hohen Pflanze mit großen, scharf ausgeschnittenen Blättern. Die Blüten sind mehr als 4 cm groß und haben eine schwarze Mitte und schwarze Adern. Die folgende Sorte ist im Handel: **'Bressingham Flair'** bleibt niedriger und die Blütenfarbe ist mehr rosa, mit einem weniger dunklen Herz. Die Blütenblätter sind eingekerbt. Die neue **'Nicola'** ist violettrot mit schmalen Blütenblättern.

Vermehrung der Art durch Samen, die der Sorten durch Teilung im Frühjahr.

G. pyrenaicum

Der Pyrenäen-Storchschnabel aus Südwesteuropa, vielerorts eingebürgert, ist eine etwas grobe, kleinblütige Art mit lilarosa, zu violett neigenden Blüten, Blütenblätter gekerbt, an halb liegenden, bis 70 cm langen Stengeln. Man sollte vorsichtig mit dem Einlaß dieser Art in den Garten sein: Sie sät sich gefährlich aus, und die raschwachsenden, flach dem Boden anliegenden Rosetten verdrängen bald alle Konkurrenten. Für Liebhaber gibt es zwei Formen:
f. albiflorum blüht weiß.
'Bill Wallis' hat tief blauviolette Blüten, Pflanzen klein.

G. reflexum siehe *G. phaeum*

G. renardii

Eine unverwechselbare Art aus dem Kaukasus, 30 cm hoch und besonders der schönen Blätter wegen geliebt. Diese sind salbeigrün (in einem bestimmten

Oben und unten:
G. psilostemon

Oben: *G. renardii* mit *Iris barbata*

Ton graugrün) und runzelig und fühlen sich weich an. Dieses Blatt von sehr angenehmer Textur ist beinahe rund und bis zur Hälfte eingeschnitten in 5 bis 7 Zipfel, fast wintergrün, in starken, kompakt wachsenden Büscheln. Die Blüten sehen aus wie kleine Stockröschen, sind flach und ungefähr 4 cm groß, beinahe weiß oder vom blassesten Lila, das heißt Opal. Die Blütenblätter stehen weit auseinander, so daß die grünen Kelchblätter gut zu sehen sind. Es wird darüber geklagt, daß *G. renardii* nicht immer reich blüht. Darum sollte man sie an einen trockeneren, sonnigen Platz setzen. Aber auch ohne Blüten ist diese Art eine der schönsten. Man unterscheidet die folgenden Sorten:

'Walter Ingwersen', eine der Natur entstammende Pflanze, die von Walter Ingwersen, einem Steingartenspezialisten, 1935 im Kaukasus gefunden wurde.

'Whiteknights', eine locker wachsende Pflanze mit längeren Blattstielen und mit lilablauen Blüten. Sie kann entbehrt werden, 'Philippe Vapelle' ist viel besser.

Vermehrung: Die Art durch Samen und die Sorten durch Teilung.

G. × riversleaianum

Eine Kreuzung zwischen G. *endressii* oder *G.* × *oxonianum* und *G. traversii*. Davon sind drei verschiedene Formen benannt:

'Mavis Simpson'. Leider ist diese in Kew gefundene Pflanze bei uns nicht besonders winterhart. Sonst müßte sie in viel größerem Maße verwendet werden. Sie bildet eine flache Matte aus graugrünem Blatt, die wohl einen Quadratmeter Boden bedecken kann. Die Pflanze blüht reich und anhaltend. Den ganzen Sommer hindurch bis zu den ersten Frösten erscheinen die kleinen porzellanrosa Blütchen, fein rosarot geadert und mit einem kleinen weißen Herz – wunderschön! Sie muß im Winter mit Stroh abgedeckt werden. Außerdem ist es für alle Fälle sinnvoll, einige Reservepflanzen frostfrei zu überwintern.

'Russell Prichard'. Die Winterhärte dieser strahlend rein karmin blühenden Sorte ist geringer als die der vorgenannten Sorte, und doch lohnt es sich, es mit ihr zu probieren. Sie blüht sehr lange.

'Little Gem' ist wie die vorige, aber kleiner bleibend und mit noch intensiver gefärbten Blüten.

Alle Sorten werden durch Teilung im Frühjahr oder durch Stecklinge vermehrt.

G. robertianum

Das Ruprechtskraut, ein Kosmopolit, ist eine ein- oder zweijährige kleine Pflanze, die an halbschattigen, stickstoffreichen

Plätzen vorkommt, oft dort, wo eine Bewegung oder Auflockerung des Bodens stattgefunden hat. Das Blatt ist ganz fein fiederspaltig geteilt. Je mehr Licht es bekommt, desto rötlicher wird das Blatt. Das Blatt riecht unangenehm, ein scharfer, an Taubnesseln erinnernder Geruch. Deshalb heißt die Art auch Stinkender Storchschnabel. In einem gepflegten Garten kann die Pflanze zu einem störenden Unkraut werden. Dort ist nur eine Sorte zulässig:
'Celtic White', ein Albino mit hellgrünen Blättern und mit kleinen, rein weißen Blüten. Freigebig aussamend.

G. rubescens siehe *G. canariense*
G. rubifolium siehe *G. kishtvariense*
'Salomé' siehe *G. lambertii*

G.× riversleaianum 'Mavis Simpson' (oben links), *G.× riversleaianum* 'Russell Prichard' (oben rechts), *G. robertianum* (unten)

Oben links:
G. sanguineum
Oben rechts:
G. sanguineum 'Album'
Rechte Seite:
G. sanguineum
'Ankum's Pride'

G. sanguineum

Der bekannte Blut-Storchschnabel kommt im größten Teil Europas vor und ist beinahe universell anpaßbar: im Steingarten, vor allem in der Staudenrabatte, über Mauern kriechend und an Wegen. Dieses Geranium ist eine variable, niedrige, bis 40 cm hohe Staude, dicht beblättert mit kleinen, sehr tief eingeschnittenen Blättern, die sich im Herbst schön färben. Die Pflanze wächst breit aus zu halbrunden kleinen Hügeln. Die Blütezeit fällt in den Sommer. Aus dem Überfluß an Sorten sind die folgenden eine Auswahl:

'Album', aufrecht wachsend und lockerer als die anderen, bis 45 cm hoch. Die Blüten sind kreideweiß, ohne Aderung und irgendwelche Farbbeimischung. Klassisch in Gesellschaft mit Rosen!

'Ankum's Pride', kleinbleibend mit rosa Blüten und gut durchblühend.

'Cedric Morris' und **'Elsbeth'** sind nahezu gleich mit ihren großen, rotvioletten Blüten. 'Elsbeth' ist behaart und hat die schönste Herbstfärbung der Blätter, 'Cedric Morris' ist kahl.

'Glenluce' wächst kräftig und breitet sich aus, rotrosalila Blüten, die zuweilen auch lilaviolett erscheinen, eine schwer zu beschreibende Farbe.

'Jubilee Pink' und **'Shepherd's Warning'** sind beide klein, mit heller rotrosa Blüten.

'Max Frei', kompakt und dicht ineinanderwachsendes, kugeliges Laub, Blüten vom Typ *G. sanguineum* violettrot, gute Herbstfärbung.

var. striatum (syn. var. *lancastriense*) ist die beliebteste Form mit apfelblütenrosa Blüten, tiefrosa geadert, dadurch aus der

G. sanguineum 'Splendens'

Ferne hellrosa erscheinend. Langblühend ab Juni.
'Splendens' ist einen Ton dunkler.
'Leeds Form' ist von allen die am kräftigsten wachsende mit großen, dunkel violettroten Blüten. Es könnte sich am ehesten um eine Kreuzung mit *G. sylvaticum* handeln.

Alle *G. sanguineum*-Sorten werden durch Wurzelschnittlinge vermehrt oder durch Teilung.

G. sanguineum-Form

G. sessiliflorum subsp. novaezelandiae

Stammt aus Neuseeland und beweist bei uns keine sichere Winterhärte. Allein die folgenden Abkömmlinge als kurzlebige Steingartenpflanzen:
'Nigricans' mit kleinen, flach dem Boden aufliegenden Rosetten beinahe runder, bronzebrauner Blättchen. Im Sommer

kleine weiße Blüten. Sät sich aus. **'Porter's Pass'** und **'Crûg Strain'** sind noch dunkler im Blatt, die letzte mit hellrosa Blüten.

Aus Kreuzungen mit *G.* × *oxonianum* sind entstanden: **'Sea Fire'**, **'Sea Pink'** und **'Sea Spray'**. Alle drei haben bronzegrünes bis bronzebraunes Blatt und helle, weiße bis hellrosa Blüten. Für den großen Steingarten oder vorne auf der Rabatte, wo sie im Winter stets abgedeckt werden müssen. Höhe zwischen 30 und 50 cm und bis 100 cm breit.

Gekreuzt mit *G. traversii* var. *elegans*: **'Black Ice'** mit dunkelbronze schimmerndem Blatt und kleinen, weißen Blüten sowie **'Stanhoe'** mit hellerem Blatt. **'Chocolate Candy'** ist eine andere Auslese.

Vermehrung durch Teilung oder durch Stecklinge.

G. shikokianum

Das Anziehende an dieser aus dem südlichen Japan und Korea kommenden Art sind die tief eingeschnittenen und schön gelbgrün marmorierten Blätter. An einem leicht beschatteten Platz auf gutem Boden ist sie ein liebenswerter Sommer- und Nachsommerblüher, der 40 cm hoch wird. Die breit trichterförmigen Blüten mit einem Durchmesser von 3,5 cm sind blaß violettrosa mit großer weißer Mitte,

Oben: *G. sessiliflorum* subsp. *novaezelandiae* 'Nigricans'
Unten: *G. sessiliflorum* subsp. *novaezelandiae* 'Crûg Strain'

Ganz links: *G. shikokianum*

Geranium 'Sirak'

dicht rotviolett geadert. Die Pflanze bestockt sich am halbschattigen Gehölzsaum langsam. Vermehrung durch Teilung oder durch Samen.

G. sinense

Ebenfalls aus dem Fernen Osten, aus Südwestchina, stammt diese geheimnisvolle Art, mit Blüten, die einem ungemein verfeinerten *G. phaeum* ähnlich sind: samtig schimmernd braunviolett-schwarz, schwach zurückgebogen und mit einem mattroten Herz. Aus der Blüte sticht ein rotes Bündel Staubfäden hervor, gekrönt von blauschwarzen Staubbeuteln. Die ganze Form und Färbung der Blüte einschließlich Nektar scheint auf die Anlockung von Wespen und Schwebfliegen, ihren bevorzugten Bestäubern, abgestellt zu sein. Die Blüten hängen senkrecht nach unten; man müßte sie fast umdrehen, um das Wunder richtig anzuschauen, aber man kann dieses Juwel auch auf eine kleine Erhöhung pflanzen. Das Blatt ist schimmernd grün und einigermaßen marmoriert, scharf eingeschnitten in 5 bis 7 Zipfel. Dieses ungefähr 60 cm hohe Geranium verdient den schönsten Platz im Halbschatten, wo es inmitten einer reichen Schattenbepflanzung nicht austrocknen kann und wo so etwas Subtiles in seinem Wert geschätzt wird. In England wird eine Hybride gezogen, nämlich:

'Pagoda', eine Kreuzung mit *G. yunnanense*, hat Blüten, die wie ein umgekehrtes Tempeldach hängen in einer seltsam dunkel rotvioletten samtigen Farbe. Wahrscheinlich keine leicht zu haltende Pflanze.

Vermehrung durch Samen, 'Pagoda' durch sehr vorsichtiges Teilen des Wurzelstocks im Frühjahr.

G. sinense

'Sirak'

Eine der besseren neuen Sorten, wie es scheint. Diese Kreuzung zwischen *G. ibericum* und *G. gracile* kann am besten als ein rosablühendes *G. × magnificum* charakterisiert werden, großblumig, mit der feinen Aderung von *G. gracile*. Höhe 50 cm, anhaltend blühend. In England von Alan Bremner und in Deutschland von Dr. Simon gleichzeitig hervorgebracht.

Geranium 'Spinners'

'Spinners'

Eine neue Hybride zwischen *G. pratense* und einer anderen, nicht bekannten Art, entstanden in der Gärtnerei Spinners in New Forest in England. Es ist eine der schöneren, größeren Sorten, die einen ansehnlichen Staudenbusch entwickelt, alles in allem bis 90 cm hoch. Das Blatt ist tief geteilt in schmale, stark gezähnte Lappen. Im Mai und Juni erscheinen die Dolden napfförmiger Blüten in einer satten violettblauen Farbe. Der erste Eindruck ist der einer kleinen *G. pratense* mit einer leuchtenderen Blütenfarbe. 'Spinners' ist ein ausgezeichneter Solitär für die sonnige Rabatte. Vermehrung durch Teilung im Frühjahr.

'Sue Crûg'

Eine verwickelte Kreuzung zwischen *G.* × *oxonianum* und 'Salomé' mit dunkelgrünem, geflecktem Blatt und dunkel rotvioletten Blüten mit dunkler Mitte. Die breit auswachsende Pflanze hat pendelnde Stiele und blüht im Sommer. Höhe 40 cm. Noch selten, aber so gut, daß sich das bald ändern dürfte. Vermehrung durch Teilung im Frühjahr.

Geranium 'Sue Crûg'

G. swatense

Aus Pakistan kommt diese rotviolett blühende Art, die 50 cm hoch wird; ausschließlich für Liebhaber, die sich mit der nötigen Hingabe um diese Besonderheit kümmern.
'Diva', eine hübsche, harte Sorte, ist eine Kreuzung mit G. *sanguineum*, im Sommer samtig violettrote Blüten an einer niedrig und breit wachsenden Pflanze.

G. sylvaticum

Der Wald-Storchschnabel kommt in großen Teilen Europas und in der nördlichen Türkei vor. Man kann diese Art gut im Halbschatten einsetzen, neben Sträuchern an naturartigen Stellen, wo sie sich aussäen kann, aber auch in Rabatten, wo man allerdings auf die besten Sorten Wert legen sollte.

G. sylvaticum wächst kräftig aufrecht und hat robuste, tief eingeschnittene Blätter; immer steht es elegant und straff da. Es blüht früh, ab Anfang Mai, mit ziemlich flachen, bis 3 cm großen Blüten. Man hat die Auswahl zwischen verschiedenen Sorten:
'Album', ein Albino mit rein weißen Blüten, auch in der Knospe weiß und nicht rosa wie bei **f. albiflorum**.
'Immaculée' ist großblumiger, weiß.
'Amy Doncaster', besonders schön mit den rein blauen Blüten, die ein kleines weißes Auge haben.
'Baker's Pink' wurde von Bill Baker, einem englischen Pflanzenfreak, in der Schweiz wild gefunden. Dieses Geranium wird mehr als 100 cm hoch und hat hellrosa, ungeaderte Blüten.
'Birch Lilac' und **'Mayflower'** sind in der Blütenfarbe wenig verschieden, violettblau mit einem weißen Auge. Die zweite blüht im August erneut.

'**Lilac Time**', echt rotlila, die röteste der Sylvaticum-Formen, kleinblumig und niedrig bleibend.
f. wanneri, stark geaderte rosa Blüten, niedrig bleibende Pflanzen, schwachwachsend.
'**Silva**' kommt aus Deutschland, von Ernst Pagels, niedrig bleibend, etwa 40 cm hoch, blauviolette Blüten mit einem großen weißen Herz.
G. rivulare, Blüten weiß mit blauvioletten Adern, ist verwandt mit *G. sylvaticum* und hat eine sehr ähnliche Wuchsform.

Die Vermehrung der Art und der Sorten erfolgt durch Teilung.

G. thunbergii siehe *G. nepalense*

G. traversii var. elegans

Östlich von Neuseeland liegen die Chatham-Inseln, und von dort kommt diese niedliche, leider nicht besonders winterharte Art. Sie wächst zu einem kompakten Büschel graugrüner, behaarter Blättchen aus und wird etwa 20 cm hoch. Die runden Blüten sind hellrosa, am Rand etwas heller. Blütezeit ist der Sommer.

Vermehrung durch Samen oder durch Stecklinge.

G. tuberosum

Im sommertrockenen Klima rund um das Mittelmeer kommen einige Geranium-Arten mit kleinen Knollen vor. Dies ist eine davon. Nach der Blüte stirbt die ganze Pflanze ab, um erst im folgenden Frühjahr wieder mit sehr fein gefiederten Blättern auszutreiben. Bereits im Mai sieht man dann die an 25 cm hohen Stielen erscheinenden Blüten, dunkel geadert und blauviolett mit etwas Rosa. Für den Steingarten, wo die Knöllchen allerdings lästig werden können.
G. macrostylum aus Griechenland und der Türkei ist in allen Teilen kleiner.

Vermehrung durch Aufnehmen und Anpflanzen der Knollen im Sommer.

Linke Seite:
G. sylvaticum (oben),
G. sylvaticum 'Birch Lilac' (unten)
Links: *G. sylvaticum* 'Amy Doncaster'

Rosa Form von *G. tuberosum*

Oben und unten:
G. versicolor

G. versicolor

Wintergrüne Arten können nicht genug eingesetzt werden, vor allem dieses Geranium sollte man dabei nicht übersehen. Es hat 40 cm hohe, frischgrüne Büschel tief eingeschnittener Blätter mit braunen Flecken an der Basis eines jeden Einschnitts. Die trichterförmigen kleinen Blüten sind wie dafür geschaffen, aus der Nähe betrachtet zu werden: Auf weißem Grund ist ein verzweigtes, perfekt ausgebildetes Muster von violettroten Äderchen. *G. versicolor* aus Mittel- und Süditalien hat seine Hauptblüte im Juni und blüht langsam weiter. Es kreuzt sich leicht mit *G. endressii*; aus einer solchen Verbindung ist *G.* × *oxonianum* entstanden. Die Wuchsform ist breit und unregelmäßig. Es sollte daher bevorzugt auf einem etwas wilderen Platz im Halbschatten, z. B. als Gehölzunterpflanzung, verwendet werden.

'Snow White' und **'White Lady'** haben weiße Blüten ohne Adern.

Vermehrung der Art durch Samen, die der weißen Sorten durch Teilung.

G. viscosissimum

Auch in Nordamerika kommen verschiedene Geranium-Arten vor, neben *G. maculatum* ist diese die bekannteste. Der Name bedeutet „sehr klebrig“, und so fühlt sie sich auch an: klebrig behaart, klebrige Stengel, tief eingeschnittenes Blatt. Die Blüten sind flach, etwa 4 cm im Durchmesser und variabel in der Farbe, von hell bis dunkel lilarosa mit einer weißen Mitte. Die Pflanze braucht einen leicht beschatteten Platz im Garten, wo sie 70 cm hoch werden kann und im Vorsommer blüht.
G. nervosum und **G. fremontii** sind zwei eng verwandte Arten.

Vermehrung durch Samen.

G. wallichianum

Die Art aus dem Himalaya ist kaum in Kultur, meistens sieht man **G. wallichianum 'Buxton's Variety'**, das schönste Geranium für den Nachsommer und den Herbst, wenn es gelingt, diese Pflanze zu ihrer vollen Herrlichkeit zu bringen. Eine ganz leicht zu ziehende Art ist es nicht. Die niederliegenden, sich nach allen Seiten windenden Stengel wachsen aus einem dicken, pfahlwurzelähnlichen Wurzelstock, bis die Pflanze endgültig etwa 35 cm Höhe und 100 cm Durchmesser hat. Das Blatt ist ein wenig marmoriert und bis über die Hälfte eingeschnitten. Charakteristisch sind die zwei runden Nebenblättchen am Grunde des Blattstiels. Die Blüte beginnt spät, erst im September beginnt die Pflanze richtig zu blühen mit schön hellblauen, leicht schüsselförmigen Blüten mit einem großen weißen Herz. Die ersten Blüten im August sind oft noch schmutzig lilarosa, doch in dem Maße, wie es kälter wird, vertieft sich das Blau mehr und mehr zu

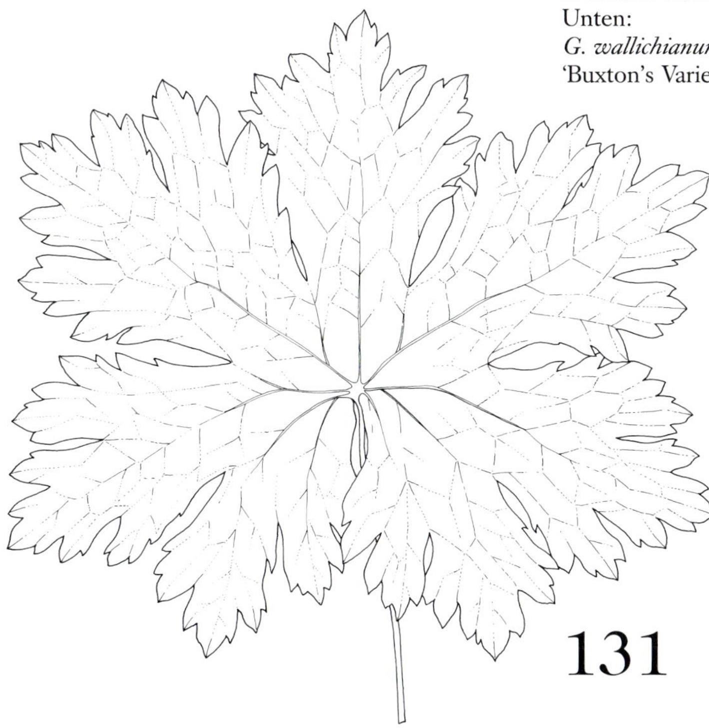

Oben: *G. viscosissimum* in British Columbia
Unten: *G. wallichianum* 'Buxton's Variety'

G. wlassovianum

einem Himmel- oder Porzellanblau. Ebenso wie andere asiatische Arten wächst dieses Geranium am besten auf einem leicht beschatteten Platz auf feuchtigkeitshaltendem Boden, auf einer niedrigen Mauer oder durch andere Pflanzen windend. Bei strenger Kälte muß abgedeckt werden. In der Natur wurden verschiedene Farbvarianten gefunden, von denen bisher die folgende benannt ist:

'Syabru' mit glänzend karminroten Blüten.

Vermehrung durch Samen, 'Syabru' durch Stecklinge.

G. wlassovianum

Man sollte diese aus dem östlichen Teil Rußlands und Nordchina kommende Art öfter verwenden, allein des Blattes wegen: Es ist nur wenig eingeschnitten, weich behaart und dunkelgrün mit einem braunvioletten Schimmer darüber; die Herbstfarben sind glänzend orange und rot. Die Pflanze wird ungefähr 40 cm hoch. Die Blüten haben 3 bis 4 cm Durchmesser, sind dunkel violettblau mit einer Beimengung von etwas Rot und dunkel geadert. Die Pflanze blüht im Sommer langandauernd und sät sich bisweilen reichlich aus, ohne lästig zu werden. Für Sonne oder Halbschatten, in einer Rabatte mit rotblättrigen Gewächsen oder als Unterpflanzung von Sträuchern. *G. wlassovianum* hat eine etwas düstere Ausstrahlung, vielleicht ein Grund für ihre Unbekanntheit.

G. yunnanense siehe *G. pogonanthum*

Vermehrung, Pflanzung und Pflege

Es gibt viele Gartenfreunde, die absolut keine Lust oder kein Geschick haben, ihre Pflanzen selbst zu vermehren. Lieber kaufen sie ein paar neue oder sie lassen sich von Bekannten und Freunden irgendwelche Teilstücke schenken. Im zweiten Fall kann man davon ausgehen, daß es fast immer Pflanzen sind, die ungehemmt wachsen und daß der nette Geber froh ist, sie los zu sein. Oft sind es dann auch noch Sämlinge, die neben der gewünschten Pflanze standen und leicht ausgegraben werden konnten; und weil es Sämlinge sind, kommt nicht selten eine andere Blütenfarbe heraus als erwartet. Hinzu kommt, daß eine solche Pflanze meistens in der Blüte gesehen wird, und das ist nicht der beste Zeitpunkt, sie auszugraben. Zusagen, es sei möglich aber besser im Herbst, kommen oft mehr aus Höflichkeit als aus Freigebigkeit und werden in der Regel vergessen. Geschieht es doch gleich, dann sollte man um ein Teilstück mit einem kleinen Ballen bitten. Den Ballen steckt man in einen Plastikbeutel und bindet mit einem Gummiband locker zu, so daß das Blatt oben rausschaut. Zu Hause angekommen, wird etwas von dem Blattwerk abgeschnitten, möglichst bald gepflanzt und in den ersten beiden Wochen reichlich Wasser gegeben. Gegebenenfalls muß die Sonne etwas abgeschirmt werden. Die meisten Geranium-Arten überleben diese Operation ohne Probleme.

Um Geranium sachgerecht, sorgfältig und in größerer Zahl zu vermehren, sind grundsätzlich folgende Möglichkeiten gegeben:
- Rißlinge
- Stecklinge
- Wurzelstecklinge
- Aussaat
- Gewebekultur (Diese Methode kann nur der Fachmann in einem speziell dafür eingerichteten Labor ausführen.)

Teilung, Stecklinge, Aussaat

Wenn ich eine Schätzung machen müßte, dann würde ich sagen, daß zahlenmäßig sicher drei Viertel der Geranium-Arten und -Sorten vegetativ durch Teilung, in der Regel durch Rißlinge, vermehrt werden können.

Rißlinge

Die gebräuchlichste und einfachste Art der Vermehrung ist das Teilen bzw. Auseinanderreißen der Wurzelstöcke. Der Gärtner spricht vom „Reißen“, und die damit gewonnenen Teilpflanzen sind Rißlinge.

Eine Faustregel besagt, daß Frühjahrsblüher im Herbst gerissen werden müssen, Sommer- und Herbstblüher jedoch im Frühjahr. Bei einer großen Anzahl von Geranium mit ihrer guten Lebens- und Vermehrungskraft muß man das aber nicht so genau nehmen. Wer noch nie ein Geranium auf diese Weise vermehrt hat,

Links eine zwei- bis dreijährige Pflanze von *G. × oxonianum* (Sorte), fertig zum Teilen. Rechts daneben dasselbe Exemplar in drei Teilstücke geteilt; diese lassen sich direkt wieder neu pflanzen. Sind die Teilstücke kleiner, wird man sie zunächst topfen und dann erst nach guter Durchwurzelung im Garten auspflanzen.

sollte mit einer robusten, schnellwachsenden Art wie *G. phaeum* beginnen. Am besten geht das im März, wenn das Wachstum gerade anfängt. Man gräbt die ganze Staude aus, sticht mit dem Spaten ein ordentliches Stück ab, schüttelt so viel Boden wie möglich aus und zieht aus dem dicken, z. T. verholzten Wurzelstock mit beginnendem Austrieb junge Stücke mit Knospe oder beginnendem Austrieb ab und pflanzt diese Teile neu. Jedes kleine Teilstück mit ein paar Wurzeln und vielleicht schon etwas Blatt wird im Frühjahr leicht weiterwachsen. Die alten verholzten Wurzelteile werden weggeschnitten und vernichtet. Das ist kein Problem. Auch bei *G. × oxonianum* glückt das immer, ebenso bei *G. clarkei*, *G. × magnificum* – kurzum, fast alle bekannten Arten und Sorten lassen sich so ohne Schwierigkeiten vermehren. Es sollte aber nicht vergessen werden, nach dem Neupflanzen gründlich zu wässern und dabei zu bleiben, bis die Rißlinge garantiert angewachsen sind.

G. pratense und *G. psilostemon* können besser etwas später im Frühjahr gerissen werden, und auch bei den gefüllt blühenden Formen von *G. pratense* macht man das gern im April, sobald sie nach der Winterruhe deutlich sichtbar austreiben. Herbstvermehrung dieser Arten führt meistens zu vollständigem Ausfall im Winter. Auch dann, wenn die Winterhärte einer Art nicht hundertprozentig gegeben oder unbekannt ist, sollte man die Rißlinge sicherheitshalber im Frühjahr machen.

Es wird auch schon mal im Sommer so vermehrt, sofort nach der Blüte, dann muß aber viel Blatt abgeschnitten werden und die Wässerung sehr sorgfältig und regelmäßig erfolgen!

Knollen

Arten, die Knollen bilden, wie *G. malviflorum* und *G. tuberosum*, werden durch Teilung vermehrt bzw. durch Auseinanderziehen der kleinen Knollen; das geschieht in der Ruheperiode, in diesem Fall im Sommer. Knollenbildende Arten, die im Sommer nicht absterben, wie *G. orientalitibeticum*, werden am besten beim Austrieb im Frühjahr aufgenommen, auseinandergerissen und neu aufgepflanzt.

Triebstecklinge

Es gibt eine Anzahl Geranium, die zwar eine Menge Stengel bilden, die aber aus einer Art kleiner Pfahlwurzel kommen

und sich erst nach Jahren und dann noch mit dem großen Risiko des Verrottens teilen lassen. Beispiele dafür sind *G. wallichianum* 'Buxton's Variety', 'Salomé', *G. lambertii* und 'Ann Folkard', ausgerechnet diese attraktiven, sehr begehrten Formen. Ferner gibt es welche, die so langsam wachsen, daß Reißen zu wenig Pflanzen liefert. Eine Ausnahme ist vielleicht 'Brookside', die auch unter den üblichen Bedingungen beim Privatgärtner etwas schneller wachsen mag.

Stecklinge bieten in vielen Fällen eine Lösung: Im zeitigen Frühjahr können die jungen Triebe neben dem Haupttrieb, die keine Wurzeln haben, mit einem scharfen Messer abgeschnitten und ebenso wie ein Fuchsiensteckling (jedoch nicht in Wasser) gesteckt werden. Bewurzelt werden die Stecklinge in einem durchlässigen Erdgemisch bei hoher Luftfeuchtigkeit. Nach der Bewurzelung, die 2 bis 4 Wochen dauert, werden die Stecklinge behutsam ausgepflanzt. Junges, gesundes Material wächst sehr schön weiter und blüht oft bereits im ersten Jahr.

Was noch bei Arten mit langen Trieben gemacht wird, ist das Bewurzeln von in Stücke geschnittenen Trieben, Zwischenstecklinge genannt. Solche Zwischenstecklinge bestehen aus einem Stück Stengel und zwei Blättern. Sie werden bis an die Ansatzstelle der Blattstiele am Stengel in das Substrat gesteckt und wie normale Stecklinge bewurzelt. Die einzige Schwierigkeit ist, daß dies erst im Sommer möglich ist, wenn die Triebe lang genug sind: Dann ist die Temperatur fast schon zu hoch und die Zeit zum Anwachsen der Stecklinge draußen fast zu kurz vor dem Winter Es besteht die Gefahr, daß sie keine Knospen mehr anlegen können, die den Winter überleben.

Die neuseeländischen Arten, u. a. *G. traversii*, werden ebenfalls durch Stecken der langen, niederliegenden Stengel vermehrt.

Wurzelschnittlinge

Das ist eine Methode, die bei einigen wenigen Arten große Stückzahlen junger Pflanzen liefern kann. *G. sanguineum* wird üblicherweise so vermehrt. Im Nachwinter werden die Mutterpflanzen vorsichtig mit so viel Wurzeln wie möglich ausgegraben. Dann werden die dicksten Wurzeln dicht an der Krone abgeschnitten, so viele wie man glaubt nötig zu haben. Etwa ein Drittel der Wurzelmenge muß an der Pflanze bleiben, wenn diese erneut gepflanzt werden soll. Jede abgeschnittene Wurzel wird dann mit einem scharfen Messer in Stücke von etwa 5 cm Länge geschnitten. Es muß dafür gesorgt werden, daß das jeweils obere Ende des Wurzelstücks auch oben bleibt. Dazu wird die obere Schnittfläche plan und die am unteren Ende des Wurzelstücks schräg geschnitten, denn die Stecklinge müssen umgehend aufrecht, mit dem oberen Ende zum Licht, gesteckt werden. Die Stecklinge werden in ein durchlässiges Substrat mit dem plan geschnittenen oberen Ende knapp unter die Bodenoberfläche gesteckt. Nach etwa

Triebstecklinge von *G.* × *riversleaianum* 'Chocolate Candy'. Alle Blätter bis auf ein oder zwei kleine werden entfernt und die Stecklinge dann so in Töpfe gesteckt, daß die Triebspitzen noch aus dem Substrat herausschauen.

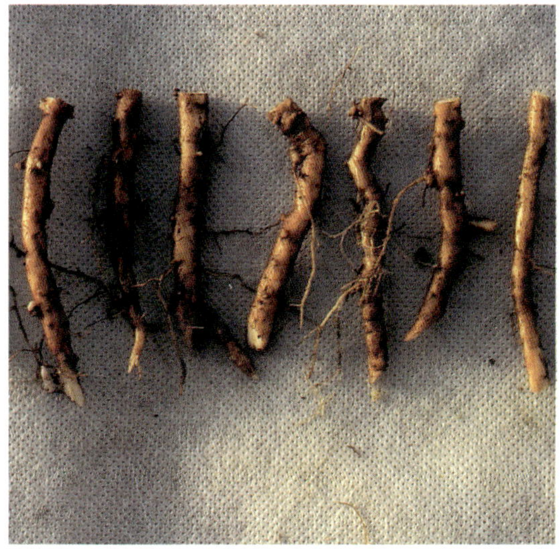

Links eine Pflanze von *G. × sanguineum* (Sorte) mit dicken Wurzeln. Etwa zwei Drittel der Wurzellänge werden abgeschnitten. Rechts fertige Wurzelschnittlinge (etwa 5 cm lang), oben flach, unten schräg abgeschnitten. Die Schnittlinge werden senkrecht in durchlässiges Erdsubstrat gesteckt, knapp unter die Oberfläche, und dünn mit Sand abgedeckt. Etikett nicht vergessen!

Unten: Bewurzelter Triebausläufer von *G. procurrens*

sechs Wochen kann man sehen, wie die ersten jungen Triebe erscheinen. Die Weiterbehandlung ist so wie bei Stecklingen üblich.

G. sanguineum liefert auch allerlei Bruchstücke von Wurzeln. Diese kann man aufs Geratewohl in das Substrat stopfen; die meisten davon werden anwachsen und austreiben.

Einige besondere Fälle: *G. procurrens* ist eine solche Ausnahme. Es wächst wie eine Erdbeere mit **Ausläufern**, die unterwegs wurzeln und eine neue selbstständige Pflanze bilden. Gelegentlich sagt man, halb im Spaß und halb im Ernst, daß *G. procurrens* nicht vermehrt wird, sondern sich selbst vermehrt. Diejenigen Sorten aber, von denen *G. procurrens* eine der Elternpflanzen ist, tun das leider nicht und müssen durch Stecklinge vermehrt werden oder, wie bei 'Ann Folkard', durch **Gewebekultur**.

Das ist eine spezielle Technik, die nur in einem Laboratorium unter sterilen Bedingungen ausgeführt werden kann und deshalb aus dem Rahmen dieses Buches fällt. Das Ergebnis einer Gewebekultur sind besonders gesunde und vitale Pflanzen.

Auch die Stecklingsvermehrung von *G. cinereum* und *G. × lindavicum* ist für den Amateur normalerweise zu schwierig. Für professionelle Zwecke ist es heute üblich, 'Ballerina' und 'Apple Blossom' durch Gewebekultur zu vermehren. Die anderen Sorten sind zumindest vorläufig kommerziell nicht interessant genug, um das auf diesem Wege zu tun. Sie dürften deshalb verhältnismäßig selten bleiben und nur bei kleineren, spezialisierten Gärtnereien erhältlich sein.

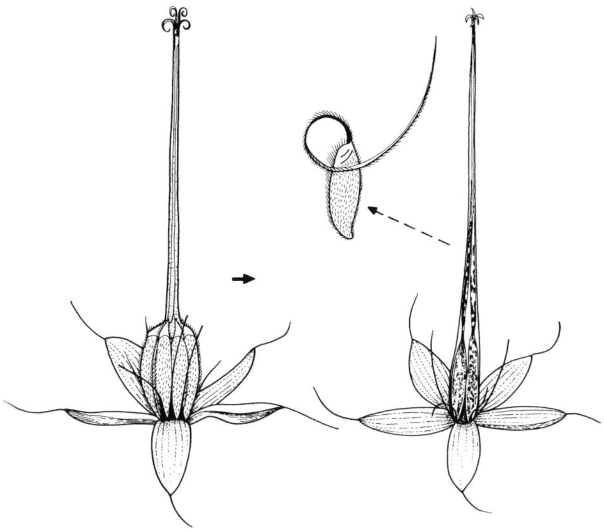

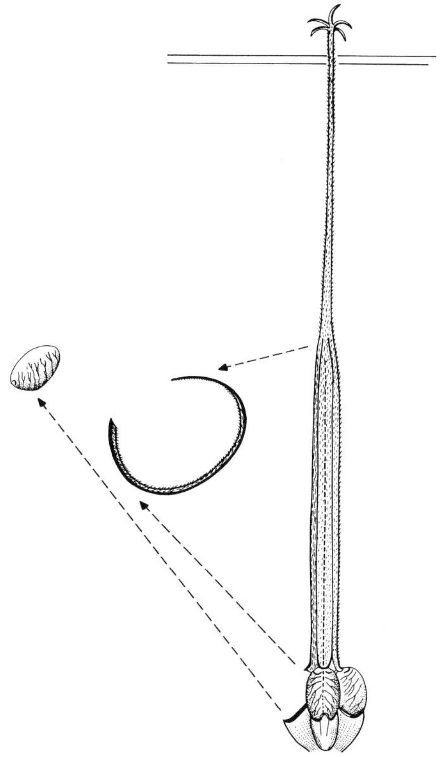

Oben links: Frucht und Samenverbreitung bei *G. phaeum.* Vor dem explosionsartigen Aufplatzen der Frucht (links), nach dem Aufplatzen (rechts), daneben eine abgeworfene Teilfrucht mit Granne. Nach der Ablösung aller Teilfrüchte ist die Mittelsäule nackt.

Oben rechts: Frucht und Samenverbreitung bei *G. robertianum.* Hier werden die Fruchtblätter abgeworfen. Ein Teil der Frucht ist geschlossen abgebildet; eine abgeworfene Teilfrucht und eine Granne sind links daneben dargestellt. Nach der Ablösung aller Teilfrüchte ist die Mittelsäule nackt.

Aussaat

Es ist leicht, eine große Anzahl Pflanzen aus Samen anzuziehen. Man muß den Samen aber erst einmal haben, also gewinnen; und da muß man bei Geranium aufpassen, weil die Samenstände, sobald sie reif sind, schlagartig aufspringen und damit die Samen verschwunden sind.

Der Samenansatz vollzieht sich wie folgt: Nach der Befruchtung fallen die Blütenblätter ab und der zurückbleibende Stempel (die „Mittelsäule") wird in raschem Tempo ein Stück länger und schiebt den bekannten „Storchschnabel" voraus. An seiner Basis sitzen die fünf reifenden Samen, jeder extra in einer Art offenem Napf (Merikarp) an einer Schleuder (Granne), die unter großer Spannung, zuletzt nur noch am äußersten Ende des Schnabels (botanisch Rostrum) festsitzt. Bei Eintritt der Reife löst sich die Schleuder (mit oder ohne Näpfchen) von der Unterkante des Rostrums los, und der Samen wird mit großer Kraft weit weggeschleudert – in diesem Fall kommt man zu spät, der Samen ist weg.

In dem Augenblick, in dem der Schnabel beginnt sich braun zu verfärben, sind

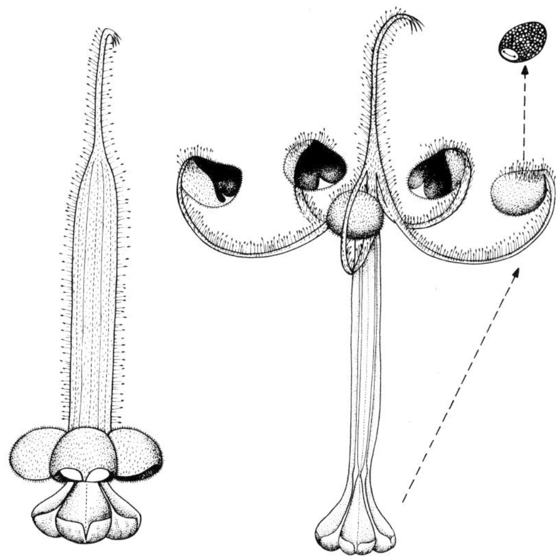

Unten: Frucht und Samenverbreitung bei *G. platypetalum.* Die Samen werden herausgeschleudert. Vor dem explosionsartigen Aufplatzen der Frucht wird der Same durch einen Vorsprung in der Teilfrucht zurückgehalten. Die Fruchtblätter bleiben nach der Entleerung der Frucht mitsamt ihren Grannen an der Mittelsäule hängen.

die Samen beinahe reif. Genau dann wird die ganze Frucht abgepflückt, in eine Papiertüte (kein Plastikbeutel: Fäulnisgefahr!) getan und verschlossen. In der Papiertüte reift der Samen nach, und schon bald kann man das Wegschleudern der Samen hören.

Zwischen den Geranium-Arten gibt es hier einen Unterschied: Bei den einen bleiben die Grannen nach dem Wegschleudern der Samen wie ein umgekehrter Regenschirm hängen, und bei den anderen bleibt nach dem Wegschießen der Früchte nur noch die kahle Mittelsäule zurück. Das sieht man bei *G. phaeum* und *G. renardii*. Bei *G. robertianum* und anderen geht es nochmal anders: Das Näpfchen ist dicht mit dem Samen verbunden und wird mit allem weggeschleudert. Siehe die Zeichnungen auf Seite 137.

Man muß die Pflanzen, von denen Saat gesammelt werden soll, jeden Tag kontrollieren. Dann geht nicht so viel verloren. Nach dem Nachreifen werden die Samen von der Spreu gereinigt und die Samen an einem kühlen, dunklen Platz bis zum Frühjahr aufbewahrt, der besten Zeit für die Aussaat. Man kann auch vor dem Winter säen. Dann besteht aber die Gefahr, daß die jungen, frisch gekeimten Pflänzchen erfrieren. Die Samen werden, nicht zu dicht, in ein sandiges Erdgemisch ausgesät. Am besten geht das in kleinen Kunststofftöpfen oder -schalen. Die Samen werden mit einer dünnen Schicht Aussaaterde abgedeckt, darüber etwas Feinsand, um Unkraut- und Mooswuchs vorzubeugen. Jedes Aussaatgefäß erhält ein deutlich und haltbar beschriftetes Etikett mit dem Namen der Art/Sorte und dem Datum der Aussaat. Bei guter Wasserversorgung keimen die Samen rasch. Nach dem üblichen Pikieren und Eintopfen können die jungen Pflänzchen bereits im Juli-August ausgepflanzt im Freiland stehen. Die meisten werden im folgenden Jahr blühen.

Dann kommen die Überraschungen. Wenn die Samen von einer Hybride bzw. Sorte stammen, werden die meisten Sämlinge von der Elternpflanze abweichen; *G.* × *oxonianum*-Samen zum Beispiel bringt eine bunte Sammlung von Nachkommen mit verschiedenen Blüten- und Blattfarben. Kommt etwas hervor, das echt anders ist und eine Bereicherung des Sortiments zu sein scheint, dann sollte man es im Auge behalten. Nur wenn es wirklich der Mühe wert ist, der Neuheit einen Namen zu geben, kann man sagen: Eine neue Sorte ist geboren! Man sollte allerdings sehr kritisch sein, denn es gibt schon fast mehr als genug.

Nur die echten Arten (Species) liefern aus Samen Nachkommen, die mit ihrer Elternpflanze identisch sind, sofern keine andere Species in der Nähe stand, mit der sie sich gekreuzt haben könnte. Eine der wenigen Ausnahmen von der Regel ist die Sorte *G. wallichianum* 'Buxton's Variety', die bei Vermehrung durch Samen ziemlich identische Nachkommen liefert.

Geranium-Samen kann man sich auch leicht besorgen, wenn man Mitglied einer Pflanzenliebhabergesellschaft wird, z.B. The Hardy Plant Society in England oder die Gesellschaft der Staudenfreunde in Deutschland. Für einen bescheidenen Mitgliedsbeitrag erhält man mehrmals im Jahr die zugehörige Zeitschrift, meistens mit einer Samenliste im Winter, aus der Samen einer bestimmten Anzahl von Arten gewählt und bestellt werden kann. Eine Samengewinnung auf kommerzieller Basis ist angesichts der erforderlichen Sorgfalt und der vielen Arbeit, die das Sammeln kostet, nicht lohnend; nur eine einzige Firma bietet Geranium-Samen an, aber nur für den Verkauf an Betriebe, nicht an Privatpersonen. Zur Information: 10 Gramm Samen von *G.* × *oxonianum*, einer ganz normalen, reichlich Samen liefernden Geranium kostet etwa 315,– DM.

Pflanzung und kleine Nacharbeiten

Es ist kein Wunder, daß Geranium in kurzer Zeit überall beliebt geworden sind. Nur wenige andere Pflanzen lassen sich so bequem im Garten verwenden und haben so wenig Aufmerksamkeit und Pflege nötig. Es gibt – mit Ausnahme bestimmter Arten – keine Probleme mit der Winterhärte, trockener Boden kümmert sie nicht, und der Säuregrad des Bodens, der pH-Wert, läßt sie kalt. Sie wachsen schnell, blühen lange, und ihr schönes Blatt ist den größten Teil des Jahres sehenswert. Viele sind unübertroffene Bodenbedecker und ideal für den extensiven, wenn man so will: faulen Gärtner. Für jeden und für jeden Zweck ist die richtige Art oder Sorte zu finden. Die gewöhnliche Pflege kann minimal sein und beschränkt sich, zumindest bei den selbstaussamenden Arten, auf das Jäten zu vieler Sämlinge.

Geranium-Arten, die nach der Blüte unordentlich und „ausgewachsen“ aussehen, sollte man kräftig zurückschneiden und gleichzeitig auch die alten Blütenstengel mit den reifenden Samen entfernen, damit unkontrollierte Aussaat vermieden wird. Die zurückgeschnittenen Pflanzen brauchen etwas Dünger und viel Wasser; innerhalb weniger Wochen stehen die Stauden dann wieder frisch mit jungen Blättern da und halten so bestens bis zum Winter. Insbesondere *G.* × *oxonianum* ist für eine solche Behandlung dankbar und liefert dazu im Herbst noch eine zweite Blüte.

Geranium × *oxonianum* zwischen *Salvia sclarea*

Es wurde gezeigt, daß es einige Geranium gibt, die in tiefem, trockenem Schatten wachsen wollen; *G. macrorrhizum* ist die bekannteste davon. Das bedeutet aber nicht, daß man sie deshalb in trockenen oder schlechten Boden pflanzen muß: Man sollte auch dieser Art einen guten Start geben, indem man etwas Kompost, Mist oder dergleichen in das Pflanzloch mischt und solange Wasser gibt, bis die Pflanzen fest eingewurzelt sind und erkennen lassen, daß sie durchwachsen. In jedem Frühjahr ein wenig Knochenmehl dazu, das ist schon alles für eine jahrelange ungestörte Entwicklung. *G. macrorrhizum* verholzt allerdings stark nach ein paar Jahren, wodurch die Pflanzen kahle Triebe bekommen. Ein rigoroser Rückschnitt nach der Blüte mit der Heckenschere oder bei großen Flächen auch mit der Mähmaschine liefert die gewünschte Verjüngung.

Das Pflanzen geht im allgemeinen sehr einfach vor sich. Meist stehen gekaufte Geranium in schwarzen 9- oder 11-cm-Töpfen. Wenn die Pflanzen von einem guten Staudengärtner stammen, kann man davon ausgehen, daß der Topfballen gut durchwurzelt ist und beim Austopfen nicht wie loser Sand auseinanderfällt. Es wird ein Pflanzloch gemacht, ruhig etwas größer als der Wurzelballen, und die lokkere Erde mit altem Dung oder Komposterde durchmischt. Der durchwurzelte Ballen wird nicht zu tief und nicht zu flach gepflanzt und mit den Händen kräftig angedrückt, und zwar so fest, daß er gut in der Erde sitzenbleibt, wenn man an der Pflanze zieht. Dann wird gut gewässert und dies ein paar Wochen durchgehalten, bis die Pflanzen einwandfrei angewachsen sind.

Winterschutz: Die asiatischen, die neuseeländischen und die südafrikanischen Arten sind bei uns in strengen, schneelosen Wintern nicht ausreichend winterhart, und die Arten von Madeira und den Kanarischen Inseln sind das allemal nicht. Sie müssen frostfrei überwintert werden. Die Asiaten, so *G. wallichianum* 'Buxton's Variety', *G. lambertii* und 'Nora Bremner', werden bei mehr als 10 Grad Frost mit Stroh oder einem anderen trokkenen und luftigen Material abgedeckt. Es kann nicht oft genug gesagt werden: Torfmull ist absolut ungeeignet, fast wie Gift, und sinnlos, weil er naß wird und die Pflanzen darunter ersticken. Auch *G. psilostemon* und seine Sorten 'Ann Folkard', 'Anne Thomson', 'Ivan' und 'Patricia' müssen, sofern es wirklich längere Zeit ordentlich kalt wird, abgedeckt werden.

Die neuseeländischen und südafrikanischen Arten sind durchweg empfindlich. Die härtesten darunter sind 'Mavis Simpson' und *G. sessiliflorum* 'Nigricans'. 'Russell Prichard' ist weicher, und *G. incanum* überlebt selten einen unserer Winter. Wenn man sich für diese Arten interessiert, ist es empfehlenswert, im Spätsommer Stecklinge zu machen und diese frostfrei oder in einem gut geschützten kalten Kasten zu überwintern.

Krankheiten und Schädlinge

Ein weiterer Grund für die große Popularität von Geranium ist die Robustheit und Unempfindlichkeit gegenüber Krankheiten und Schädlingen, ob es nun Pilze sind oder Insekten. Eine Pflanze, die auf einem für sie geeigneten Standort gut wächst und gedeiht, hat bekanntlich mehr Abwehrkraft gegen Schaderreger als eine Pflanze, die an einem falschen Platz steht und darunter leidet. Hält man die Pflanzen in guter Kondition, teilt sie, wenn sie zu stark verholzen, und entfernt bei der Frühjahrsreinigung des Gartens alte faule Blätter, Schneckenhäuser und dergleichen und streut dann gleich etwas Dünger, um sie wieder gut in Gang zu bringen, beugt man den meisten Krankheiten vor. Trotzdem tauchen hin und wieder Probleme auf.

Schnecken: Sie sind immer da, bei feuchtem Wetter mehr als bei Trockenheit und es gibt sie in allerlei Arten. Es gibt Nacktschnecken und Gehäuseschnecken, von denen ein Neuling, die Segrinschnecke, den meisten Schaden anrichtet, wenn auch mehr bei Hosta als bei Geranium. Geranium-Sämlinge und junge Pflanzen sind am meisten gefährdet. Eine Schnecke macht in einer Nacht einen ganzen Aussaattopf mit gut gekeimten Pflänzchen dem Erdboden gleich – wie jeder Liebhaber weiß, ist es dann immer die seltenste Art. Die Bekämpfung von Schnecken ist eine Frage von Zeit und Umweltbewußtsein. Wirksam aber zeitraubend ist das Aufsammeln der Schnekken, morgens früh nach einem Regenschauer oder in der Abenddämmerung. Schnell und effektiv, aber umweltbedenklich ist die Verwendung von giftigem Schneckenkorn. Neuerdings werden zur biologischen Schneckenbekämpfung auch bestimmte Älchen (Nematoden) eingesetzt, aber eher in der Gärtnerei als im Privatgarten.

Blattälchen befallen ab und zu *G. × cantabrigiense.* Dem Gartenbesitzer dürfte das in der Regel gar nicht auffallen.

Mäuse haben machmal die Unart, junge Pflanzen aus Vergnügen, wie es scheint, abzunagen. Morgens findet man dann überall abgebissene, nicht gefressene Blättchen. Im Winter fressen sie auch die kleinen Knollen, z.B. von *G. tuberosum.* Eine echte Gefahr sind sie aber nicht, und wenn, eine gute Katze erledigt die Angelegenheit am besten.

Blattläuse machen im Garten an Geranium kaum einmal Schwierigkeiten. Im Gewächshaus, an jungen Pflanzen können sie manchmal schädlich werden. Wenn es unvermeidlich ist, hilft eine Spritzung mit einem für Menschen relativ ungefährlichen Mittel, wie z.B. Spruzit.

Dickmaulrüßler können leider ernsthafte Schäden anrichten, vor allem bei der Kultur von Geranium in Töpfen, Kübeln oder Trögen. Im Freiland des Gartens sind sie auch, aber da werden sie nicht so gefährlich. Der Käfer selbst ist nicht so schädlich, er frißt nur an den Blatträndern, aber seine Larven, cremefarben, kommaförmig mit einem braunen Kopf und etwa 1 cm lang, die in der Erde zwischen den Wurzeln leben, können großen Schaden anrichten. Der Befall wird sichtbar, wenn scheinbar gesunde Pflanzen plötzlich nicht mehr wachsen wollen, vergilben und sich leicht herausziehen lassen. Der Fraßschaden ist dann deutlich zu sehen; manchmal kommen beim Herausziehen der Pflanze aus dem Topf ein paar Larven mit. Dann sollte man alle Erde aus den Wurzeln schütteln und die Larven tottreten. Eine sorgfältige Nachkontrolle ist nötig. Noch ausreichend mit Wurzeln versehene Pflanzen werden in neue Erde getopft und mit Wasser versorgt. Die Bekämpfung ist nicht einfach, weil die erforderlichen Pflanzenschutzmittel für den Gartenfreund nicht zugelassen sind. Ein neues, noch kostspieliges Verfahren ist die Bekämpfung mit dem Älchen *Heterorhabditis heliothidis,* das in einer besonderen Verpackung (zur Beigabe im Gießwasser) im Fachhandel erhältlich ist. Die Anwendung setzt eine Bodentemperatur von mehr als 15 °C voraus.

Pilze verschiedener Arten können u.U. schädlich auftreten, meist aber nur in geringem Maß an den Blättern, ohne die Pflanzen ernsthaft zu beeinträchtigen. So gibt es einen Rost mit braunen Punkten auf den Blättern und Mehltau an den gefülltblühenden Sorten von *G. pratense.* Man knipst die befallenen Teile ab (nicht auf den Komposthaufen!) und spritzt, wenn keine persönlichen Bedenken bestehen, mit einem Fungizid. Mehltau kommt vor allem da vor, wo die Pflanzen nicht den geeigneten Platz haben oder, wie es bei den gefülltblühenden *G. pratense*-Sorten der Fall ist, so weit durchgezüchtet sind, daß sie nicht mehr die Widerstandskraft der Naturarten haben. Es gibt heute auch „biologische" Fungizide, zu denen aber noch keine breiten Erfahrungen vorliegen.

Register

Sternchen * verweisen auf Farbfotos.

Bezugsquellen

Über die folgende Auswahl hinaus Adressen im PPP-Index, Pflanzeneinkaufsführer für Europa, von A. und W. Erhardt, Verlag Ulmer, Stuttgart.

Deutschland
Friesland Staudengarten, Uwe Knöpnadel, Husumer Weg 16, D-26441 Jever

Dr. Hans Simon, Staudenweg 2, D-97828 Marktheidenfeld

P. und B. zur Linden, Linner Kirchweg 2, D-49143 Bissendorf 1

Gärtnerei Hügin, Zähringer Straße 281, D-79108 Freiburg

Staudengärtnerei Gräfin von Zeppelin, D-79295 Sulzburg-Laufen

Österreich
Christian Kress, A-4974 Ort/Innkreis 131

Schweiz
Frei Staudenkulturen, CH-8465 Wildensbuch

Hansuli Friedrich CH-8476 Stammheim

Fritz Schwitter Gärtnerei, CH-6010 Kriens

Belgien
Jan Spruyt-van der Jeugd, Mostenveld 50, B-9255 Buggenhout

Denis Dujardin, Jan Breydellaan 47, B-8500 Kortrijk

Holland
De Bloemenhoek, Utrechtseweg 275, NL-3732 HA De Bilt

Kwekerij De Hessenhof, Hessenweg 41, NL-6718 TC Ede

Coen Jansen-Vaste Planten, Ankummer Es 13–15, NL-7722 RD Dalfsen

Piet Oudolf, Broekstraat 17, NL-6999 DE Hummelo

Th. Ploeger en Zn., Blauwkapelseweg 73, NL-3731 EB De Bilt

Großbritannien
Axletree Nursery, Starvecrow Lane, GB-Peasmarsh, Rye, East Sussex TN 31 6XL

Catforth Gardens, Roots Lane, Catforth, GB-Preston, Lancashire PR4 0JB

Washfield Nursery, Horn's Road, Hawkhurst, GB-Kent TN18 4QU

Crûg Farm Plants, Griffith's Crossing, Nr. Caernarfon, GB-Gwynedd LL55 1TU

Literatur

Bath, T. and Jones, J.: The Gardener's Guide to Growing Hardy Geraniums. David & Charles 1994.

Frei, H.: Geranium – Storchenschnabel. Arbeitsgemeinschaft Schwitter und Frei. Kriens 1993.

The Hardy Plant Society. Hardy Geraniums for the Garden. 1992.

Hibberd, D.: Hardy Geraniums. The Royal Horticultural Society 1994.

Yeo, P.F.: Geranium. Verlag Ulmer, Stuttgart 1988.

Bildquellen

Borstell, U., Essen: Abb. Seite 7, 13, 22 unten, 55, 117, 120, 139.
Fischer, E., Weisenheim/Berg: Abb. Seite 6.
Fuchs, H., Hof/Saale: Abb. Seite 72, 122 links, 124.
Jansen, C., NL-Dalfsen: Abb. Seite 29, 30 links, 47, 49 unten, 84, 90, 92, 97 oben und unten, 100, 108, 115, 127, 134 links/rechts, 135, 136 links/rechts.
Kircher, W., Bernburg: Abb. Seite 25, 27 oben, 86 rechts, 101, 102 oben, 107, 126, 132.
Köhlein, F., Bindlach: Abb. Seite 8, 26/27, 41, 50, 59 unten, 82 rechts, 89, 93, 102 unten, 131.
Morell, E., Dreieich: Abb. Seite 22 oben links, 36, 63, 67, 77, 91, 96 oben, 105.
Redeleit, W., Bienenbüttel: Abb. Seite 18.
Seidl, S., Altdorf: Abb. Seite 2, 10, 15, 20 oben, 21, 26 oben, 30 rechts, 37, 39, 45, 53, 68, 69, 70, 71, 73, 85, 88 oben, 95, 103, 118, 119, 128 oben und unten.
Smit, D., NL-Haarlem: Abb. Seite 12, 17, 20 unten, 22 oben rechts, 23, 33, 35, 42, 46, 49 oben, 59 oben links und oben rechts, 61, 65, 74, 81, 82 links, 86 links, 87, 88 unten, 96 unten, 99, 109, 110 oben und unten, 111, 112, 113, 116, 121 oben links, oben rechts/unten, 122 rechts, 123, 125 oben/unten, 129, 130.

Botanische Zeichnungen: Kerstin Heß, Stuttgart, teils nach Yeo, Geranium, teils nach Vorlagen des Autors.

Pflanzpläne: Helmuth Flubacher, Waiblingen, nach Entwürfen des Autors.